Les Producteurs toqués
de l'île d'Orléans
Farmers in Chef Hats

« Il y a l'authenticité d'un terroir,
Il y a l'amour des produits,
La fidélité d'un travail bien fait,
Ou tout simplement la passion.
Alors le bonheur est dans l'île. »

"If there is authenticity of the land,
Love for its products,
Commitment to a job well done,
Or simply passion and dedication,
Then the island is where happiness dwells."

Jean Soulard
Chef exécutif / *Executive Chef*
Le Château Frontenac

www.producteurstoques.com
www.farmersinchefhats.com

L'éditeur bénéficie uniquement du soutien financier des sources privées et locales suivantes :
The publisher benefits only from the financial support of the following private and local sources:

Auberge La Goéliche, Auberge Le Canard Huppé, Bergerie Saute-Mouton, Cassis Monna & Filles, Chocolaterie de l'Île d'Orléans,
Domaine Orléans, Ferme avicole Orléans, Ferme des Anges, Ferme des Pionniers, Ferme d'OC, Ferme François Blouin,
Ferme François Gosselin, Ferme Guillaume Létourneau, Ferme Jean-Pierre Plante & Fils, Ferme La Rosacée, Ferme Léonce Plante & Fils,
Ferme Louis Gosselin, Ferme Murielle Lemelin, Ferme piscicole Richard Boily, Ferme Valupierre, Fermes Jacques Coulombe & Fils,
La Boulange, Les Endives de l'île d'Orléans, Les Fromages de l'isle d'Orléans, Les Haricots de l'île d'Orléans, Les Serres Roch Hébert,
Microbrasserie d'Orléans, Poissonnerie Jos Paquet, Vignoble Isle de Bacchus.

Conception et édition / *Design and Publishing*
Linda Arsenault, L.A. Communication

Direction artistique et infographie / *Art Direction and Graphic Design*
Sonia Landry, graphiste / *graphic designer*

Chef cuisinier / *Chef*
Philip Rae, Auberge Le Canard Huppé

Révision / *Revision*
Michèle Tremblay, Script Rédaction & Révision

Traduction / *Translation*
Pina Broccoli, traductrice / *translator*

Photographie / *Photography*
Linda Arsenault

Gestion de l'impression / *Print Management*
Mario Barré, Manon Jolicoeur
Les Impressions IntraMédia, Datamark Systems

Photo de la page couverture / *Cover Photo* : Richard & Amélie Coulombe, Fermes Jacques Coulombe & Fils

Anne Noël-Deschamps & Edouardine Turcotte-Deblois, Ferme des Anges

Bienvenue à l'île d'Orléans

À quinze minutes du cœur de la ville de Québec se trouve l'île d'Orléans. Des terres fertiles propices aux cultures maraîchères qui jouissent des plus belles vues du Québec pour s'épanouir… Des producteurs maraîchers, des vignerons, des pomiculteurs; des producteurs de volailles, d'agneaux, de canards qui travaillent intensément pour offrir des produits de haute qualité et d'une grande variété. Et tout cela ne date pas d'hier. C'est justement son sol fertile qui fit de l'île d'Orléans l'un des premiers foyers de colonisation de la Nouvelle-France. Près de trois cents familles souches y prirent racine. Aujourd'hui, l'histoire de l'île se vit à travers son horticulture, son architecture, ses artisans et artistes, son patrimoine culturel, ses bonnes tables, ses gîtes et surtout, ses gens. Recherchez la marque de certification sous l'appellation « Savoir-faire île d'Orléans ». Vous serez ainsi assurés de la provenance et de la qualité des produits.

Welcome to Île d'Orléans

Île d'Orléans is only fifteen minutes from the heart of Québec City. The fertile land, perfect for growing various fruits and vegetables, blossoms as it looks out over Quebec's most beautiful views… Market gardeners, winemakers, apple growers, and poultry, lamb and duck farmers work tirelessly to provide a large variety of high-quality products. And it's been this way for a long time. It's precisely the fertile soil that made Île d'Orléans one of the first colonies of New France. Almost three hundred founding families took root there. Today, the history of Île d'Orléans is experienced through its horticulture, architecture, artisans and artists, cultural heritage, fine restaurants, inns, and above all, its people. Look for the " Savoir-faire île d'Orléans " certification mark, which ensures the origin and quality of the products.

À mes parents,
To my parents,
Henri-Paul & Thérèse Arsenault

Producteurs maraîchers retraités…
Retired market gardeners...

À la mémoire de
In memory of
Jocelyn Roberge & Paul Coulombe

Producteurs maraîchers regrettés…
Late lamented market gardeners...

Mot du chef

Oui, c'est vrai que je suis passionné par le terroir de l'île d'Orléans. Grâce aux producteurs, je découvre de nouveaux produits à chaque saison. J'ai le plus grand respect pour ces femmes et ces hommes qui, par leur savoir-faire, nous offrent une variété d'ingrédients qui font des plats les plus simples de purs délices. J'ai eu un réel plaisir à collaborer à ce livre de recettes, car il m'a permis de faire de nouvelles connaissances et de découvrir de nouveaux produits.

A Word from the Chef

Yes, it's true that I am passionate about Île d'Orléans' fertile land. Thanks to the farmers, I discover new products every season. I have the utmost respect for these men and women who use their know-how to offer us a variety of ingredients that turn the simplest dishes into pure gastronomic delights. It was a real pleasure to participate in this recipe book, which allowed me to meet new farmers and discover new products.

Philip Rae
Auberge Le Canard Huppé

Le tour de l'île

C'est avec plaisir que je salue cette belle et, avouons-le, appétissante publication qui nous offre, dans leurs plus beaux atours et, pour le plaisir de nos yeux et de notre palais, les excellents produits du savoir-faire agricole des gens de l'île d'Orléans. Un terroir unique qui plonge ses racines dans une histoire lointaine et qui témoigne, dans ce beau projet, d'une tradition renouvelée et innovante.

Ce livre nous le montre : notre agriculture a une âme, une passion, une fierté et de beaux visages entreprenants, ceux des producteurs et des productrices qui en font le métier et qui contribuent, de leur patient labeur et de leurs talents, à un plaisir de bien manger qui s'est cultivé au fil du temps. Grand bien nous fasse, car la « palette » de nos cultures s'est élargie, comme en témoigne la cinquantaine de produits agricoles à l'honneur dans ces recettes.

Bien davantage qu'un simple ouvrage de cuisine et un encouragement à acheter « localement », ce guide nous propose un itinéraire et des rencontres, rencontres avec des gens, agriculteurs et agricultrices avant tout, avec leurs produits, leurs façons de faire, des récoltes et des saveurs, avec ce qui, aux yeux du grand Félix, était presque un art : le travail de la terre.

Il fallait certes être un peu « toqués » pour se lancer dans une aussi « goûteuse » aventure, mais avouons qu'il s'agit là d'une autre belle façon de faire le tour de l'île. Savourons-la et encourageons-la! Il suffit simplement d'y goûter. Bonne lecture!

A Tour of the Island

It is my distinct pleasure to commend this beautiful and appetizing publication that offers us excellent products from the agricultural know-how of the people of Île d'Orléans. The book is a feast for the eyes and palate and takes us on a journey through the island, a unique land rich in beauty and steeped in history. This great project is a testament to the renewal and innovation of its traditions.

This book shows us that our agriculture has soul, passion, pride and enterprising faces. These are the farmers who make this their profession and contribute, through patience, hard work and talent, to the pleasure of good eating, which has been cultivated throughout the years. This has served us well because the "palette" of our crops has expanded, as seen through the fifty or so agricultural products featured in these recipes.

Much more than just a simple cookbook and an incentive to buy "locally", this guide proposes itineraries and meetings with people who are farmers, first and foremost. Discover their products, ways of doing things, harvests and flavours. According to late folk singer, poet and writer Félix Leclerc – one of the island's most famous residents – working on the land was almost an art!

Undoubtedly, a dash of eccentricity was needed to embark on such a delicious endeavour, but we admit that it's another great way to visit the island. Let's savour it and encourage it! Come taste the adventure… and happy reading!

Laurent Pellerin
Le président de l'Union des producteurs agricoles (UPA)
President of the Union des producteurs agricoles (UPA)

Mille fois merci!

François Blouin, pour m'avoir ouvert la porte; Chantal Nolin, pour avoir été la première à dire oui; Philip Rae, pour ta générosité; Sonia Landry, pour avoir fait de ce projet le tien; Pina Broccoli, pour ton dévouement; à mes chers amis et amies, pour votre qualité d'écoute et votre intérêt constant et enfin, à Michel, pour ton inspiration, ton implication et ton accompagnement tout au long du trajet.

Bien sûr, il y a les producteurs, d'une générosité qui, je l'espère, se reflétera dans ce livre.

Les toques du Centre de l'uniforme R.L. ainsi que les accessoires de Cuisine Actuelle, de Pom-Pom et de Mauvalin ont été fort appréciés.

A Thousand Thanks!

François Blouin, for opening the door for me; Chantal Nolin, for being the first to say yes; Philip Rae, for your generosity; Sonia Landry, for making this project your own; Pina Broccoli, for your dedication; to my dear friends, for your willingness to listen and constant interest; and Michel, for your inspiration, involvement and support along the way.

And of course, there are the farmers whose generosity, I hope, will be reflected in this book.

The chef hats from Centre de l'uniforme R.L. and the kitchen accessories from Cuisine Actuelle, Pom-Pom and Mauvalin were very much appreciated.

Avant-propos

Ce livre de recettes à saveur agrotouristique met en vedette les producteurs de l'île d'Orléans par l'entremise de leurs recettes personnelles. Suivez l'évolution des différentes cultures dont les récoltes s'effectuent entre les mois de mars et d'octobre. Découvrez les produits de l'île d'Orléans; ils sont nombreux et variés. Surtout, servez-vous de ce livre pour visiter l'île et rencontrer nos producteurs. Les photos, authentiques et naturelles à l'image des producteurs, ont été prises sans arrangements spéciaux afin de refléter le mieux possible la réalité quotidienne. Simples et rapides d'exécution, les recettes sont un vrai plaisir pour le palais.

J'ai passé le plus bel été de ma vie en compagnie des producteurs de l'île grâce à l'ouverture d'esprit et à la générosité qui les caractérisent. Malgré des journées de travail qui n'en finissent plus et tous les impondérables qui les guettent, ils ont participé sans réserve à ce projet. Ce privilège de les connaître, je souhaite le partager avec vous.

Foreword

This agrotourism recipe book features the farmers of Île d'Orléans and their personal recipes. Follow the evolution of the different crops that are harvested between March and October. Discover the products of Île d'Orléans; they are plentiful and varied. But above all, use this book to visit the island and meet our farmers. The photos, which are a real and natural reflection of the farmers, were taken without special arrangements in order to depict the reality of daily life as accurately as possible. The recipes are quick and simple and sure to please the palate.

I spent the best summer of my life in the company of the island's farmers, thanks to their openness and generosity. Despite endless work days and unexpected occurrences, they participated wholeheartedly in this project. Knowing them is a privilege I wish to share with you.

Linda Arsenault

Table des matières / Table of Contents

Photo Martine Rouleau

Septembre Octobre

September-October

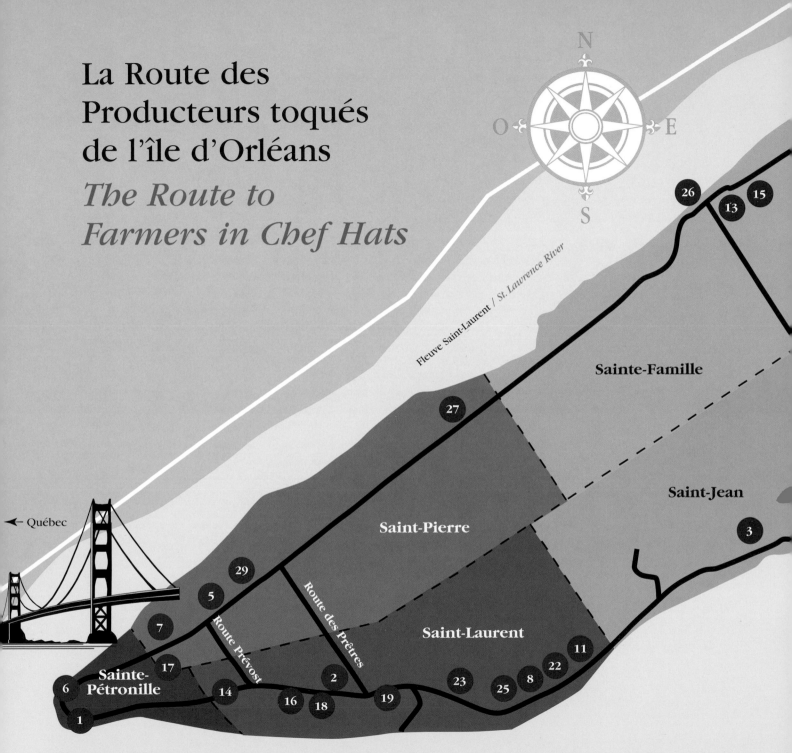

La Route des Producteurs toqués de l'île d'Orléans

The Route to Farmers in Chef Hats

N
O E
S

Fleuve Saint-Laurent / St. Lawrence River

← Québec

Sainte-Famille

Saint-Jean

Saint-Pierre

Saint-Laurent

Route des Prêtres

Route Prévost

Sainte-Pétronille

26 13 15

27

3

29

5

7

17

6

1

14

16 18

2

19

23

25 8 22 11

12 Route des Producteurs / *The Farmers' Route*

Saint-François

Route du Mitan

Mars
Avril
Mai

March

April

May

En primeur...
Featuring...

L'érable / *Maple*

L'agneau / *Lamb*

Le fromage / *Cheese*

La bière / *Beer*

L'endive / *Endives*

Le chocolat / *Chocolate*

L'asperge / *Asparagus*

La pizza / *Pizza*

À notre arrivée, Chantal nous réserve un accueil plein de gentillesse. Sa tête bouillonne d'idées et de projets. C'est bel et bien une passionnée, une amoureuse de la cuisine du terroir. Elle offre à ses clients des confitures et des gelées de petits fruits, de succulents beurres de pommes et d'érable, du sucre à la crème et des fondants au chocolat. Aidée de sa fille Karine, elle cuisine amoureusement toutes ces douceurs. Quant à Guillaume, son mari, il cultive la terre paternelle, une terre se déployant à perte de vue. Dans ce sol riche pousse une variété de fruits et légumes. Toutefois, le printemps venu, l'érable triomphe.

Alors, à quelques kilomètres de la route, à l'intérieur des terres, une magnifique cabane à sucre nous attend. Du lever au coucher du soleil, Guillaume mène les opérations. Dave, son fils, Jean-Marie, père de Chantal et Anycet, frère de Guillaume s'affairent autour de la « bouilloire ». L'odeur du sirop, la chaleur du feu de bois et l'ardeur au travail envahissent l'espace. Ces gens ont le cœur à l'ouvrage et leurs efforts portent des fruits : leur sirop est tout bonnement savoureux. Becs sucrés, surtout ne pas s'abstenir…

3968, chemin Royal
Sainte-Famille
418 829-2751
chantalnolin@videotron.ca

Ferme Guillaume Létourneau

Chantal always extends a warm welcome to all her visitors. Her head is constantly bubbling with projects and ideas. She is thoroughly passionate about cuisine du terroir, cooking that draws on regional specialties and products. She offers her customers a variety of berry jams and jellies, delicious maple and apple butters, maple fudge and fudge bars. With the help of her daughter Karine, she prepares each of these sweets with tender loving care. Her husband Guillaume cultivates the family land… it stretches out as far as the eye can see. The rich soil produces a wide variety of fruits and vegetables. But when springtime comes, maple reigns supreme.

A few kilometres from the road, a magnificent sugar shack sits on their land. Guillaume manages the operations from dawn till dusk. His son Dave, Chantal's father Jean-Marie, and Guillaume's brother Anycet busy themselves around the boiler. The room is warm from the wood fire and the sweet aroma of syrup fills the air. They put their heart and soul into their work and their efforts do not go unrewarded… their maple syrup is simply delicious. Sweet tooth satisfaction!

Cuillères à l'érable
Maple scoops

6 à 8 portions (24 à 30 cuillères)
6-8 servings (24-30 spoons)

Mélange à l'érable / *Maple mixture*

4 c. à soupe (60 g) de beurre
4 tbsp (60 g) butter
4 c. à soupe + 1 c. à thé de farine (36 g)
4 tbsp + 1 tsp flour (36 g)
1/2 tasse (125 ml) d'eau
1/2 cup (125 ml) water
1 tasse (250 ml) de sirop d'érable
1 cup (250 ml) maple syrup

1. Faire fondre le beurre.
   Melt the butter.
2. Ajouter la farine et bien mélanger.
   Add flour and mix well.
3. Ajouter l'eau et le sirop.
   Add water and maple syrup.
4. Cuire à feu doux jusqu'à épaississement.
   Cook on low heat until mixture thickens.
5. Verser dans les cuillères chinoises.
   Pour into Chinese spoons.

Meringue

1 blanc d'œuf à température pièce
1 egg white, room temperature
1 c. à soupe (15 g) de sucre
1 tbsp (15 g) sugar
1 pincée de sel
1 pinch of salt

1. Battre le blanc d'œuf et le sel en neige jusqu'à la formation de pics mous. / *Beat the egg white and salt until soft peaks form.*
2. Ajouter le sucre graduellement. / *Gradually add the sugar.*

3. Continuer à battre à grande vitesse jusqu'à ce que la meringue soit ferme. / *Continue beating at high speed until the meringue is stiff.*
4. Déposer, avec le bout d'une cuillère, environ 1/4 c. à thé de meringue sur une plaque à cuisson couverte de papier-parchemin, et ce, autant de fois que nécessaire, en séparant les meringues par 1/2 pouce (1 cm). / *With the tip of a spoon, place about 1/4 teaspoon of meringue on a baking tray covered with parchment paper. Repeat as many times as necessary, ensuring that the meringues are 1/2 inch (1 cm) apart.*
5. Cuire les petites meringues environ 15 minutes à 250 °F (120 °C) ou jusqu'à ce qu'elles soient dorées. Une fois refroidies, les déposer dans les cuillères chinoises. / *Bake the little meringues for approximately 15 minutes at 250 °F (120 °C) or until golden. Cool, then place them on the Chinese spoons.*
6. Servir le tout à température pièce. / *Serve everything at room temperature.*

Astuce du Canard Huppé : Tranchez quelques fraises et déposez-les entre la meringue et le mélange à l'érable. Ajoutez une feuille de menthe pour la couleur. / ***Tips from Le Canard Huppé:*** *Slice some strawberries and place them between the meringues and the maple mixture. Add a sprig of mint for colour.*

Bergerie Saute-Mouton

1081, chemin Royal
Saint-Jean
418 829-3254
eric_lachance5@sympatico.ca

D'abord, ils sont tombés amoureux l'un de l'autre, puis ils ont eu le coup de foudre pour l'élevage des moutons. Éric Lachance et Karine Bélanger ont 30 ans et l'avenir leur sourit. Ils nourrissent un projet commun : la Bergerie Saute-Mouton. Après avoir suivi une formation à l'Université du Vermont avec l'Association des producteurs de brebis laitières, ils entreprennent leur aventure en octobre 2005 lorsqu'ils acquièrent leur premier troupeau. Ils se donnent des objectifs bien précis : d'abord, bien maîtriser l'élevage des agneaux et ensuite produire du lait de brebis pour en faire du fromage. C'est par passion qu'ils unissent leurs efforts afin de développer leur bergerie, alors Éric et Karine misent sur la qualité et non sur la quantité. Ils souhaitent avant tout conserver une ferme à saveur artisanale et offrir un produit qui se démarque par son authenticité. Mission accomplie : on peut se procurer l'agneau de la Bergerie Saute-Mouton en le réservant auprès de Karine et Éric. Un pur délice!

First, they fell in love and then sheep farming became a passion. Éric Lachance and Karine Bélanger are 30 years old and their future is bright. They have a common vision: Bergerie Saute-Mouton. After receiving training from the Dairy Sheep Association of North America, through the University of Vermont, they acquired their first flock in October 2005... and so the adventure began. They have very specific goals: to fully master lamb farming and produce sheep's milk to make cheese. Through passion and dedication, Éric and Karine work together to develop their sheep farm, with an emphasis on quality not quantity. Their main desire is to preserve the farm's artisan flavour and offer truly authentic products. Mission accomplished: lamb from Bergerie Saute-Mouton is available by reserving it through Karine and Éric. A pure delight!

Carré d'agneau et poires
caramélisées à l'érable
Maple rack of lamb and caramelized pears

Pour 4 personnes / Serves 4

2 carrés d'agneau d'environ 1 livre (454 g) chacun
2 lamb racks, approximately 1 lb (454 g) each

Pommade à l'érable / *Maple paste*

3 c. à soupe (45 g) de beurre ramolli
3 tbsp (45 g) softened butter
3 c. à soupe (45 ml) de sirop d'érable
3 tbsp (45 ml) maple syrup
1 c. à soupe (15 ml) de sauce soya
1 tbsp (15 ml) soya sauce
2 gousses d'ail hachées
2 cloves garlic, chopped

Poires caramélisées
Caramelized pears

3 c. à soupe (45 g) de beurre
3 tbsp (45 g) butter
3 poires pelées et coupées en 8 quartiers
3 pears, peeled and cut into 8 quarters
1/4 tasse (65 ml) de sirop d'érable
1/4 cup (65 ml) maple syrup
Thym frais
Fresh thyme

1. Préchauffer le four à 350 °F (175 °C). / *Preheat the oven to 350 °F (175 °C).*
2. Dans un petit bol, préparer la pommade en mélangeant le beurre, le sirop d'érable, la sauce soya et l'ail. / *In a small bowl, prepare the paste by mixing the butter, maple syrup, soya sauce and garlic.*
3. Envelopper l'extrémité des os des carrés d'agneau de papier d'aluminium. / *Wrap the ends of the rack of lamb bones in aluminium paper.*
4. Badigeonner la viande avec la pommade au sirop d'érable avant de la mettre au four. / *Brush the maple syrup paste on the meat before putting it in the oven.*
5. Cuire pendant 30 minutes pour une cuisson rosée ou jusqu'à ce que le thermomètre affiche 142 °F (61 °C). / *Cook for 30 minutes until pink or the thermometer reads 142 °F (61 °C).*
6. Recouvrir les carrés d'agneau d'un papier d'aluminium et laisser reposer pendant la préparation des poires. / *Cover the lamb racks with aluminium paper and set aside. Prepare the pears during this time.*
7. Dans une grande poêle, chauffer le beurre à feu moyen vif. / *Heat the butter on medium-high heat in a large pan.*
8. Ajouter les poires et cuire pendant 5 minutes ou jusqu'à ce que celles-ci soient légèrement dorées. Ajouter le sirop d'érable et le thym. / *Add the pears and cook for 5 minutes or until lightly browned. Add maple syrup and thyme.*

Couper l'agneau en côtelettes et les servir accompagnées des poires. / *Cut lamb into cutlets and serve with pears.*

Astuce du Canard Huppé : Laissez votre pièce de viande tempérer au moins 1 heure avant de la mettre au four. Cela réduira le temps de cuisson, et vos côtelettes seront plus tendres. / ***Tips from Le Canard Huppé:*** *Allow the meat to temper for at least 1 hour before putting it in the oven. This will reduce cooking time and your cutlets will be more tender.*

Le Paillasson aux pommes caramélisées à l'érable

Le Paillasson with maple caramelized apples

Entrée ou dessert pour 4 personnes
Makes 4 appetizer or dessert servings

2 fromages Le Paillasson
2 cheeses, Le Paillasson
2 pommes moyennes
2 medium apples
2 c. à soupe (30 g) de beurre
2 tbsp (30 g) butter
4 c. à soupe (60 ml) de sirop d'érable
4 tbsp (60 ml) maple syrup
Mesclun
Mesclun
Pain baguette
Baguette bread

1. Préparer le mesclun et le déposer dans des assiettes individuelles. / *Prepare the mesclun and put in individual plates.*
2. Laver les pommes et les couper en quartiers en gardant la pelure. / *Wash the apples and cut them into quarters, leaving them unpeeled.*
3. Dans une poêle, à feu moyen doux, faire fondre le beurre et y attendrir les quartiers de pomme. / *On medium-low heat, melt the butter in a pan and cook apples until they soften.*
4. Lorsque ceux-ci sont tendres, verser le sirop d'érable sur les pommes et bien réchauffer le tout. / *When they are tender, pour maple syrup over the apples and heat thoroughly.*

5. Simultanément, faire dorer les fromages dans une poêle antiadhésive, toujours à feu moyen doux et sans ajouter de corps gras (environ 2 minutes de chaque côté, jusqu'à ce que la chaleur rejoigne le cœur du fromage). / *At the same time, brown the cheeses in a non-stick pan over medium low heat, without adding any fat (about 2 minutes each side, until the heat reaches the centre of the cheese).*
6. Couper les fromages chauds* en quartiers et présenter avec le mesclun et les pommes caramélisées à l'érable. / *Cut the hot* cheese into quarters and serve with mesclun and maple caramelized apples.*
7. Disposer quelques tranches de pain baguette dans les assiettes et servir. / *Place some baguette slices on the plates and serve.*

*Le Paillasson doit être dégusté chaud; s'il a trop refroidi, il peut être réchauffé au micro-ondes de 10 à 20 secondes. / *Le Paillasson must be served hot; if it has cooled, it can be reheated in the microwave for 10-20 seconds.*

Astuce du Canard Huppé : Amateur de fondue chinoise? Enroulez votre viande favorite autour d'un quartier de fromage avant de la déposer dans le bouillon. / ***Tips from Le Canard Huppé:** Love Chinese fondue? Wrap your favourite meat around a quarter slice of cheese before placing it in the broth.*

Microbrasserie d'Orléans

La Microbrasserie d'Orléans est avant tout une affaire de famille, un projet qui réunit parents et enfants. Jean Lampron, brasseur, a œuvré une quinzaine d'années dans ce milieu avant de lancer son entreprise, en 2006, avec sa conjointe Annie Dufresne et ses parents François et Jocelyne. Brasser de la bière est un art et une science à la fois. La bière est préparée à partir de céréales germées, principalement de l'orge. Le processus dure de 15 à 20 jours et inclut le maltage, le brassage et la filtration du moût. Suivent ensuite la cuisson, le houblonnage, la fermentation et la filtration. Jean nous offre en ce moment quatre catégories de bière : la Blanche, la Blonde, la Rousse et enfin l'Ambrée à l'érable de l'île d'Orléans. Cette dernière, composée d'assemblage de malts pâles et de caramel parfumé au sirop d'érable de l'île d'Orléans, est un pur délice. Annie accueille les clients au Pub du Mitan, au deuxième étage de la microbrasserie où la bière et la choucroute sont à l'honneur…

Microbrasserie d'Orléans is indeed a family affair, a project that includes parents and children. Brewer Jean Lampron worked in the industry for 15 years before opening his business in 2006 with spouse Annie Dufresne and parents François and Jocelyne. Brewing beer is art and science at the same time. The beer is made from cereal grains, mainly barley. The process lasts 15 to 20 days and first includes malting, brewing and lautering. Then comes boiling, hopping, fermentation and filtration. Jean currently offers four categories of beer: white, blonde, red and maple amber from Île d'Orléans. This beer, made with a blend of pale malts and caramel flavoured with maple syrup from Île d'Orléans, is simply delightful. Annie welcomes customers at Pub du Mitan, located on the second floor of the microbrewery where beer and sauerkraut take centre stage…

3887, chemin Royal
Sainte-Famille
418 829-0408
microorleans.com

Carré de porc à la bière d'érable

Maple beer pork rack

Pour 4 personnes / *Serves 4*

Un carré de porc français de 2,2 livres (1 kg)
One 2.2 lb (1 kg) French pork rack
1 c. à soupe (15 ml) d'huile
1 tbsp (15 ml) oil
1 c. à soupe (15 g) de beurre
1 tbsp (15 g) butter
2 oignons moyens coupés en dés
2 medium onions, diced
1 carotte coupée en dés
1 carrot, diced
Quelques feuilles de sauge et de sarriette
A few sage and savory leaves
Sel et poivre
Salt and pepper
1 1/3 tasse (335 ml) de bière Ambrée à l'érable
1-1/3 cups (335 ml) maple amber beer
1/4 tasse (65 ml) de sirop d'érable
1/4 cup (65 ml) maple syrup
1/4 tasse (65 ml) de crème
1/4 cup (65 ml) cream

1. Préchauffer le four à 350 °F (175 °C). / *Preheat the oven to 350 °F (175 °C).*
2. Dans une cocotte, dorer le carré de porc sur toutes les faces dans l'huile et le beurre. / *In a casserole, brown the pork rack on all sides in oil and butter.*
3. Retirer le porc et réserver. / *Remove the pork and set aside.*
4. Faire suer les oignons dans la même cocotte. / *Sweat the onions in the same casserole.*
5. Replacer le porc dans la cocotte avec les carottes, sauge, sarriette, sel et poivre. / *Return the pork to the casserole and add carrots, sage, savory, salt and pepper.*
6. Mouiller le tout avec la bière, couvrir et laisser mijoter au four pendant 50 minutes. / *Moisten everything with beer, cover and simmer in the oven for 50 minutes.*
7. Retirer le porc du four, badigeonner avec le sirop d'érable et le faire griller sur une plaque à cuisson pendant 5 minutes. / *Take the pork out of the oven and brush with maple syrup. Put the pork on a baking tray and broil for 5 minutes.*
8. Retirer ensuite le carré et le garder au chaud. / *Remove the rack and keep warm.*
9. Passer le contenu de la cocotte (bouillon et légumes) au mélangeur. / *Put the contents of the casserole (stock and vegetables) through the blender.*
10. Réchauffer dans une petite casserole en y ajoutant la crème. / *Heat in a small saucepan and add cream.*
11. Servir le carré de porc avec sa sauce, accompagné de pommes de terre et de légumes de saison. / *Serve the pork rack with the sauce, potatoes and seasonal vegetables.*

Astuce du Canard Huppé : Ajoutez des légumes crus (carottes, pommes de terre grelot rouges ou bleues, haricots, rabioles, choux, oignons perlés…) dans la cocotte avant de la mettre au four pour en faire un plat complet sans beaucoup plus d'effort. / ***Tips from Le Canard Huppé: :*** *Add raw vegetables (carrots, red or blue baby potatoes, beans, turnips, cabbage, pearl onions…) to the casserole before putting it in the oven to make a complete dish with little effort.*

Endives
aux deux saumons
Two-salmon endives

Nathalie Beaudoin, Les Endives de l'île d'Orléans

Entrée pour 4 personnes / Makes 4 appetizer servings

2 ou 3 endives
2 or 3 endives
1/4 livre (115 g) de filet de saumon frais
1/4 lb (115 g) fresh salmon fillet
1/4 livre (115 g) de saumon fumé
1/4 lb (115 g) smoked salmon
4 c. à soupe (60 g) de beurre mou
4 tbsp (60 g) soft butter
3 c. à soupe (45 ml) de crème
3 tbsp (45 ml) cream
1 c. à soupe (15 ml) de jus de citron
1 tbsp (15 ml) lemon juice
1 c. à soupe (3 g) de ciboulette ciselée
1 tbsp (3 g) snipped chives
1 c. à soupe (3 g) d'aneth ciselé
1 tbsp (3 g) snipped dill
1 c. à soupe (15 ml) de vinaigre de riz
1 tbsp (15 ml) rice vinegar
1/4 tasse (65 ml) d'huile d'olive
1/4 cup (65 ml) olive oil
2 c. à soupe (30 ml) d'huile de sésame
2 tbsp (30 ml) sesame oil
Sel et poivre
Salt and pepper
1/4 tasse (115 g) de pignons de pin
1/4 cup (115 g) pine nuts

1. Pocher le saumon frais environ 5 minutes. L'égoutter et l'écraser ensuite à la fourchette. / *Poach the fresh salmon for about 5 minutes. Drain it and then mash it with a fork.*

2. Couper le saumon fumé en fines lanières et ensuite en dés. *Slice the smoked salmon into thin strips and then dice it.*

3. Mélanger les deux saumons, le beurre, la crème, le jus de citron, la ciboulette, l'aneth, sel et poivre. Placer ce mélange au réfrigérateur. / *Mix both salmons, butter, cream, lemon juice, chives, dill, salt and pepper. Refrigerate the mixture.*

4. Préparer la vinaigrette en mélangeant le vinaigre, l'huile d'olive et de sésame et en y ajoutant sel et poivre au goût. *Prepare the vinaigrette by mixing the vinegar, olive oil and sesame oil. Salt and pepper to taste.*

5. Faire dorer les pignons dans un peu d'huile d'olive et réserver sur un papier absorbant. / *Brown the pine nuts in a bit of olive oil and set aside on a paper towel.*

6. Effeuiller les endives et les garnir de saumon. / *Separate the endive leaves and fill them with salmon.*

7. Déposer sur celles-ci un soupçon de vinaigrette et des pignons grillés. / *Add a light drizzle of vinaigrette and top with pine nuts.*

Astuce du Canard Huppé : Remplacez le beurre par du gras de canard. Ajoutez un caramel de soya comme décoration : faites cuire ensemble, environ 3 minutes à feu moyen, 3/8 tasse (95 ml) de sauce soya avec 3/4 tasse (190 ml) de sirop d'érable. Laissez refroidir et déposez entre les endives. / *Tips from Le Canard Huppé: Substitute butter with duck fat. Garnish with soy caramel: combine 3/8 cup (95 ml) soy sauce and 3/4 cup (190 ml) maple syrup and cook over medium heat for about 3 minutes. Cool and place between endives.*

Les endives sont récoltées à l'automne et sont ensuite produites en culture hydroponique jusqu'en avril.
Endives are harvested in the fall and are grown hydroponically until April.

Denis Fortier, Les Endives de l'île d'Orléans

Chocolaterie de l'Île d'Orléans

Pâques est une fête au goût de chocolat, l'occasion rêvée pour en déguster et en offrir. Mais à la Chocolaterie de l'Île d'Orléans, c'est fête l'année durant. Marcel et Guylaine Laflamme, assistés de leur équipe, confectionnent à la main depuis 1988 ce « péché mignon ». Aucun compromis, jamais : le chocolat a ses fidèles. On emploie uniquement un chocolat importé de Belgique. Puis on s'enfonce dans le vice avec les glaces et les sorbets. On dénombre jusqu'à vingt-quatre parfums de crème glacée faite maison grâce à la méthode traditionnelle européenne. Ce n'est pas tout : Marie-Claude, pâtissière, fille de Marcel et Guylaine, concocte ses desserts au chocolat à base de produits de l'île. Ils vous sont servis dans cette majestueuse maison de plus de 200 ans. C'est bon à se damner!

Easter is a chocolate lover's dream holiday, the perfect excuse to savour it and share it. But at Chocolaterie de l'Île d'Orléans, the holiday lasts all year. Marcel and Guylaine Laflamme, along with their team, have been making this "decadent delight" by hand since 1988. No compromises, not ever: chocolate has its loyal followers. Therefore, only chocolate imported from Belgium is used. Then comes everyone's favourite indulgence… ice cream and sorbets. There are twenty-four flavours of homemade ice cream to choose from, all prepared the traditional European way. And that's not all: pastry chef Marie-Claude, daughter of Marcel and Guylaine, creates her chocolate desserts with products from the island. They are served in a majestic house that dates back over 200 years. Sinfully delicious!

150, chemin du Bout de l'île
Sainte-Pétronille
418 828-2250

Crème brûlée au chocolat

Chocolate crème brûlée

Pour 6 personnes / *Serves 6*

3/4 tasse (190 ml) de lait entier
3/4 cup (190 ml) whole milk
1 tasse (250 ml) de crème 35 %
1 cup (250 ml) 35% cream
7 jaunes d'œufs battus
7 egg yolks, beaten
3/8 tasse (90 g) de sucre
3/8 cup (90 g) sugar
1/2 livre (225 g) de pépites de chocolat mi-amer
1/2 lb (225 g) semi-sweet chocolate chips
1/3 tasse (60 g) de cassonade ou de sucre d'érable
1/3 cup (60 g) brown sugar or maple sugar

1. Amener à ébullition le lait et la crème. / *Bring milk and cream to a boil.*
2. Fouetter ensemble les jaunes d'œufs et le sucre. / *Beat egg yolks and sugar.*
3. Ajouter le mélange des jaunes d'œufs au mélange lait et crème et cuire à feu doux ou au bain-marie en brassant continuellement jusqu'à ce que la crème nappe le dos de la cuillère. / *Add the egg yolk mixture to the milk and cream mixture and cook on low heat or in a double boiler, stirring continuously until the cream coats the back of the spoon.*

4. Verser le mélange sur les pépites de chocolat et bien lisser le tout. / *Pour the mixture onto the chocolate chips and stir well until smooth.*
5. Couler dans des ramequins plats ou coupes à dessert (la crème ne doit pas avoir plus de 4 cm de hauteur (1 1/2 pouce). / *Pour into ramekins or dessert cups. The crème should not be higher than 4 cm (1-1/2 inches).*
6. Réfrigérer jusqu'à prise complète. / *Refrigerate until completely set.*
7. Saupoudrer les crèmes de cassonade ou de sucre d'érable avant de les brûler au chalumeau, juste avant de servir. / *Sprinkle the crèmes with brown sugar or maple sugar. Burn them with a torch just before serving.*

Enveloppées hermétiquement, les crèmes se conservent 3 à 4 jours au réfrigérateur. / *Wrapped airtight, the crèmes will keep for 3-4 days in the refrigerator.*

Astuce du Canard Huppé : Vous n'avez pas de ramequins… Utilisez des tasses à café espresso. Variez vos crèmes brûlées en changeant de chocolat… Essayez le chocolat au lait ou même mon préféré, le chocolat blanc ! / ***Tips from Le Canard Huppé:*** *If you don't have any ramekins… use espresso cups. Add variety to your crème brûlées by changing chocolate… try milk chocolate or even my favourite, white chocolate!*

Trio de **truffes**

Truffles trio

Philip Rae, Auberge Le Canard Huppé

25 truffes par recette / *25 truffles per recipe*

Truffes au chocolat noir
Dark chocolate truffles

3 1/2 onces (100 g) de chocolat noir
3-1/2 oz (100 g) dark chocolate
3/4 tasse (190 ml) de crème 35 %
3/4 cup (190 ml) 35% cream
3 c. à soupe (45 ml) de Grand Marnier
3 tbsp (45 ml) Grand Marnier
1/2 tasse (55 g) de cacao
1/2 cup (55 g) cocoa

1. Casser le chocolat en petits morceaux et le déposer dans un bol. / *Break the chocolate into little pieces and place in a bowl.*
2. Chauffer la crème et verser dans le chocolat. / *Heat the cream and pour on the chocolate.*
3. Bien mélanger et ajouter le Grand Marnier. / *Mix well and add Grand Marnier.*
4. Réfrigérer 3 heures. / *Refrigerate for 3 hours.*
5. Former de petites boules et rouler dans le cacao. / *Shape into small balls and roll in cocoa.*

Truffes au chocolat au lait
Milk chocolate truffles

5 onces (150 g) de chocolat au lait
5 oz (150 g) milk chocolate
3/8 tasse (95 ml) de crème 35 %
3/8 cup (95 ml) 35% cream
3 c. à soupe (45 ml) de liqueur de noisette (Frangelico)
3 tbsp (45 ml) hazelnut liqueur (Frangelico)
Quelques biscuits de type Pirouline (voir Astuce du Canard Huppé) brisés en flocons (90 g ou 3 oz)
A few Pirouline-type cookies (see Tips from Le Canard Huppé), crushed into flakes (90 g or 3 oz)

1. Casser le chocolat en petits morceaux et le déposer dans un bol. / *Break the chocolate into little pieces and place in a bowl.*
2. Chauffer la crème et verser dans le chocolat. / *Heat the cream and pour on the chocolate.*
3. Bien mélanger et ajouter la liqueur de noisette. / *Mix well and add hazelnut liqueur.*
4. Réfrigérer 3 heures. / *Refrigerate for 3 hours.*
5. Former de petites boules et rouler dans les brisures de biscuits. / *Shape into small balls and roll in crushed cookies.*

Truffes au chocolat blanc
White chocolate truffles

7 onces (200 g) de chocolat blanc
7 oz (200 g) white chocolate
1/3 tasse (85 ml) de crème 35 %
1/3 cup (85 ml) 35% cream
3 c. à soupe (45 ml) de Brandy
3 tbsp (45 ml) Brandy
1/3 tasse (50 g) de sucre à glacer
1/3 cup (50 g) icing sugar

1. Casser le chocolat en petits morceaux et le déposer dans un bol. / *Break the chocolate into little pieces and place in a bowl.*
2. Chauffer la crème et verser dans le chocolat. / *Heat the cream and pour on the chocolate.*
3. Bien mélanger et ajouter le Brandy. / *Mix well and add Brandy.*
4. Réfrigérer 3 heures. / *Refrigerate for 3 hours.*
5. Former de petites boules et rouler dans le sucre à glacer. *Shape into small balls and roll in icing sugar.*

Astuce du Canard Huppé : Si vous n'avez pas de biscuits de type Pirouline, utilisez des céréales de flocons de maïs du genre Corn Flakes.
Tips from Le Canard Huppé: *If you don't have any Pirouline-type cookies, you can use Corn Flakes or other similar cereal.*

Notes

Velouté coloré **d'asperges**

Colourful asparagus velouté

Anne Pichette – Ferme François Blouin

Pour 4 personnes / *Serves 4*

Une botte d'asperges (environ 1 livre ou 454 g) coupée en morceaux
One bunch of asparagus (approximately 1 lb or 454 g), cut into pieces
2 c. à soupe (30 ml) d'huile d'olive
2 tbsp (30 ml) olive oil
1 oignon haché
1 onion, chopped
1 pomme de terre coupée en morceaux
1 potato, diced
1 poivron rouge coupé en morceaux
1 red pepper, diced
1 poivron orange coupé en morceaux
1 orange pepper, diced
1 paquet de champignons frais (environ 8 onces ou 225 g)
1 package fresh mushrooms (approximately 8 oz or 225 g)
3 tasses (750 ml) de bouillon de poulet maison ou plus si nécessaire afin de couvrir les légumes
3 cups (750 ml) homemade chicken stock (or more if necessary), enough to cover vegetables
2 oignons verts hachés incluant le feuillage
2 chopped green onions, including leaves
Sel aromatisé et poivre
Aromatic salt and pepper
Quelques feuilles de persil haché
Chopped parsley
Crème
Cream

1. Faire suer l'oignon vert dans l'huile d'olive et y ajouter le bouillon de poulet. / *Sweat the green onion in olive oil and add the chicken stock.*
2. Amener à ébullition et ajouter les morceaux de pomme de terre. / *Bring to a boil and add the diced potato.*
3. Faire mijoter 5 minutes et ajouter le reste des légumes. *Simmer for 5 minutes and add the rest of the vegetables.*
4. Assaisonner et faire mijoter le tout jusqu'à ce que les légumes soient tendres (environ 10 à 12 minutes). / *Season and simmer until the vegetables are tender (about 10-12 minutes).*
5. Passer au mélangeur pour obtenir une substance crémeuse. Ajouter un trait de crème et du persil au service. *Put through the blender to obtain a creamy texture. Upon serving, add a drizzle of cream and some parsley.*

Astuce du Canard Huppé : Mélangez une partie de crème sure avec 2 parties de pesto. Déposez au centre sur le potage avant de servir. Vous pouvez aussi accompagner la soupe de croûtons grillés que vous aurez tartinés de pesto ou d'un mélange de beurre et de fines herbes. / ***Tips from Le Canard Huppé:*** *Mix one part sour cream with 2 parts pesto. Place in the centre of the soup just before serving. You can also serve the soup with thick slices of grilled bread that have been spread with pesto or a mixture of butter and fine herbs.*

Notes

_____

_____

_____

Notes

_____

_____

_____

_____

_____

Mousse d'asperges fraîches
aux concombres

Fresh asparagus cucumber mousse

Frédéric Casadei, Auberge La Goéliche

Pour 4 personnes / *Serves 4*

Une botte d'asperges (environ 1 livre ou 454 g)
One bunch of asparagus (approximately 1 lb or 454 g)
3 feuilles de gélatine
3 gelatin leaves
3 c. à thé (15 g) de caviar de poisson volant
3 tsp (15 g) flying fish caviar
3/8 tasse (95 ml) de crème 35 %
3/8 cup (95 ml) 35% cream
1 demi-concombre
Half a cucumber
3,5 onces (100 g) de fromage à la crème
3.5 oz (100 g) cream cheese

1. Cuire les asperges dans de l'eau bouillante pendant environ 3 minutes; elles doivent être fermes. / *Cook the asparagus in boiling water for about 3 minutes; they must be firm.*

2. Les refroidir immédiatement dans l'eau glacée. Réserver. *Cool them immediately in iced water. Set aside.*

3. Vider et épépiner le concombre, puis le tailler en brunoise. *Scoop out the seeds and cut the cucumber into a brunoise (finely diced and cut the same size).*

4. Déposer les feuilles de gélatine dans l'eau afin de les amollir. / *Put the gelatin leaves in water to soften them.*

5. Chauffer la crème et y incorporer les feuilles de gélatine. *Heat the cream and add the gelatin leaves.*

6. Dans un mélangeur, mettre le fromage à la crème, la crème gélatinée et le caviar. / *In a blender, add cream cheese, gelatin cream and caviar.*

7. Mélanger le tout jusqu'à consistance lisse. / *Mix ingredients well until consistency is smooth.*

8. Ajouter le concombre. / *Add the cucumber.*

9. Utiliser des emporte-pièce et les garnir aux trois quarts avec la mousse. / *Fill dessert rings 3/4 full with mousse.*

10. Piquer ensuite les asperges dans la mousse en laissant dépasser les têtes. / *Then put the asparagus in the mousse, spears up.*

11. Réfrigérer 3 heures. / *Refrigerate for 3 hours.*

12. Avant de démouler, s'assurer que la mousse est bien prise. Une fois qu'elles sont démoulées, remettre les mousses au réfrigérateur. / *Before removing the rings, make sure the mousse has set properly. Once the rings are removed, put the mousse back in the refrigerator.*

Accompagner cette mousse d'asperges d'un bon saumon fumé. *Serve this asparagus mousse with some delicious smoked salmon.*

La Boulange

C'est dans l'ancien presbytère du village de Saint-Jean, entouré de sa famille, que Louis Marchand, artisan-boulanger, exerce son métier. En 1998, commence la grande aventure. Sylvie craque pour le presbytère et y installe La Boulange. Durant la nuit, Louis et son équipe s'activent pour que tout soit prêt le matin venu. Ils préparent une variété importante de pains quotidiens et gourmands, de délicieuses viennoiseries et les fameuses pizzas. Tout est fait maison. Et surtout, ne ratez pas la chance de rencontrer Gabriel, 12 ans. Quand il parle de cuisine, son visage s'illumine, et un large sourire apparaît. Il sait depuis déjà longtemps qu'un jour, il sera chef. Gabriel et Louis adorent la pizza et ont accepté de partager leur recette personnelle. Bon appétit!

In St-Jean's old presbytery, Louis Marchand, along with his family, plies his trade as an artisan baker. The great adventure began in 1998 when Sylvie fell in love with the presbytery and set up La Boulange. During the night, Louis and his team work hard to have everything ready the next morning. They prepare a large variety of daily and gourmet breads, delicious "viennoiseries" (flaky pastries such as croissants and brioches) and their famous pizzas. Everything is homemade. And don't forget to meet Gabriel, aged 12. When he talks about food, his face lights up and he can't help smiling. He already knows that he wants to be a chef one day. Gabriel and Louis love pizza and they've agreed to share their very own recipe. Bon appétit!

2001, chemin Royal • Saint-Jean • 418 829-3162

La pizza de Gabriel

Gabriel's pizza

Pour une pizza de 9 pouces (23 cm)
Makes one 9-inch (23 cm) pizza

Une boule de pâte à pizza de 1/2 livre (225 g)
One 1/2 lb (225 g) ball of pizza dough
4 c. à soupe (60 ml) de sauce tomate
4 tbsp (60 ml) tomato sauce
1 gousse d'ail
1 clove garlic
2 ou 3 tomates séchées hachées
2-3 chopped sun-dried tomatoes
1 c. à soupe (15 ml) d'huile d'olive
1 tbsp (15 ml) olive oil
Quelques tranches minces d'oignon rouge
A few thin slices of red onions
1/3 livre (150 g) de fromage : 1/3 mozzarella,
1/3 cheddar fort, 1/3 gruyère
1/3 lb (150 g) cheese: 1/3 mozzarella,
1/3 old cheddar, 1/3 gruyère
9 olives entières Kalamata dénoyautées
9 whole, pitted Kalamata olives
3 c. à soupe (20 g) de parmesan râpé
3 tbsp (20 g) grated Parmesan
Herbes de Provence au goût
Provençal herbs, to taste

1. Préchauffer le four à 450-475 °F (232-245 °C). / *Preheat the oven to 450-475°F (232-245 °C).*
2. Abaisser la pâte pour former un disque d'environ 9 pouces (23 cm). / *Spread the dough into a 9-inch (23 cm) diameter circle.*
3. Mélanger la sauce tomate, l'ail, les tomates séchées et l'huile d'olive. Étendre ce mélange sur la pâte. / *Mix the tomato sauce, garlic, sun-dried tomatoes and olive oil. Spread the mixture on the dough.*
4. Disposer les oignons sur la pizza. / *Add the onions to the pizza.*
5. Étaler le mélange des trois fromages sur la pizza. / *Sprinkle the three-cheese blend on the pizza.*
6. Disposer 8 olives autour de la pizza et la 9ᵉ au centre. *Place 8 olives around the pizza, with the 9th one in the middle.*
7. Saupoudrer le tout de parmesan et d'herbes de Provence. *Sprinkle the whole pizza with Parmesan and Provençal herbs.*
8. Cuire sur la grille du bas environ 10 à 15 minutes jusqu'à ce que la pâte soit dorée et croustillante. / *Bake pizza on bottom rack for about 10-15 minutes until crust is crispy and golden.*

David Deslauriers, Jos Paquet & Camille Tremblay : Poissonnerie Jos Paquet

Juin
Juillet
Août

June

July

August

En primeur…
Featuring…

La fraise d'été / *Summer strawberries*
L'esturgeon / *Sturgeon*
L'oie / *Goose*
La rhubarbe / *Rhubarb*
La truite / *Trout*
La framboise d'été / *Summer raspberries*
Le haricot / *Beans*
La gadelle / *Currants*
La cerise / *Cherries*
La groseille / *Gooseberries*
Le bleuet / *Blueberries*
Le cassis / *Black currants*
La carotte / *Carrots*
Le chou nappa / *Nappa cabbage*
La laitue chinoise / *Chinese lettuce*
Le bok choy / *Bok choy*
Le brocoli / *Broccoli*
La tomate poire jaune / *Yellow pear tomatoes*
L'anguille / *Eel*
Le canard / *Duck*
La mûre / *Blackberries*

Ferme Léonce Plante & Fils

Léonce est un personnage envoûtant. On l'aime instantanément. On a envie de passer la journée avec lui et sa famille. Avec son large sourire et ses mains qui témoignent de son labeur, il produit des fraises, mais aussi des framboises, des bleuets, des pommes de terre et du sirop d'érable. Son fils, Jérôme, lui ressemble. Il dit avoir toujours su qu'il deviendrait la quatrième génération de producteurs sur cette terre de 130 acres. Léonce aime les vraies confitures… la recette de sa mère. Il regrette qu'on en cuisine de moins en moins. Son dessert d'enfance est encore son préféré : un mélange de confiture et de crème dans un bol et hop! on y trempe le pain frais. Simplement délicieux. Sa sœur, Ghislaine, qui travaille à la ferme depuis toujours, partage donc la recette de la vraie confiture aux fraises de sa mère.

Léonce is a captivating person. He is instantly liked. It would be easy to spend the entire day with him and his family. With his big smile and hands that are a testament to his hard work, he grows strawberries, raspberries, blueberries and potatoes and also produces maple syrup. His son Jérôme is just like him. He says he always knew that he would become the 4th generation of growers on this 130-acre land. Léonce loves real jam… his mother's recipe. He regrets that homecooked jams are made less often nowadays. His childhood dessert is still his favourite: a mixture of jam and cream in a bowl and there you have it… ready for dipping fresh bread. Simply delicious. His sister Ghislaine, who has always worked at the farm, shares her mother's recipe for real strawberry jam.

2315, chemin Royal
Saint-Laurent
418 828-9877 / 828-2103

La vraie confiture aux **fraises**

Real strawberry jam

Quantité : 2 tasses (500 ml) / *Volume: 2 cups (500 ml)*

4 tasses (500 g) de fraises
4 cups (500 g) strawberries
4 tasses (900 g) de sucre
4 cups (900 g) sugar
7/8 tasse (220 ml) d'eau
7/8 cup (220 ml) water
Le jus d'un demi-citron
Juice of half a lemon
1 c. à thé (5 g) de beurre
1 tsp (5 g) butter

1. Faire fondre dans un chaudron, à feu doux, le sucre et l'eau. Dès que le sucre est fondu, amener à ébullition jusqu'à apparence de cristaux. / *In a cooking pot, melt sugar and water over low heat. Once the sugar has melted, bring it to a boil until crystals appear.*

2. Ajouter les fraises et le jus de citron et laisser le mélange bouillir 5 à 7 minutes. / *Add strawberries and lemon juice and let the mixture boil for 5 to 7 minutes.*

3. À la fin de la cuisson, ajouter une noisette de beurre pour aider à écumer. / *At the end of the cooking period, add a knob of butter to help remove the scum.*

4. Retirer du feu, déposer le chaudron dans l'eau froide et brasser souvent. / *Remove from heat, place the cooking pot in cold water and stir often.*

5. Lorsque la confiture est bien refroidie, la verser dans des bocaux stérilisés et sceller. / *Once the jam has cooled completely, pour it into sterilized jars and seal.*

Bien sûr, cette confiture accompagnera très bien un gâteau ou votre petit-déjeuner, mais faites comme Léonce, déposez la confiture dans un bol avec un peu de crème et trempez-y un bon pain croûté frais. Ici, la confiture a été déposée sur le pain, accompagnée de crème fraîche. / *Of course, this jam goes very well with cake or your breakfast, but follow Léonce's advice and spoon some jam into a bowl, add a little cream and dip a nice piece of fresh, crusty bread. Here, the jam has been spooned over the bread and is served with fresh cream.*

Astuce du Canard Huppé : Amusez-vous en ajoutant une racine de gingembre coupée en petits dés dans votre mélange de sucre et d'eau… Vous serez surpris! Cette confiture accompagnera à merveille vos pâtés et terrines si vous y ajoutez un peu de poivre du moulin. / ***Tips from Le Canard Huppé:** For a fun variation, add some diced ginger to your sugar and water mixture… you will be surprised! This jam goes deliciously well with pâtés and terrines; just add a dash of freshly-ground pepper.*

2705, chemin Royal
Saint-Pierre
418 828-2670

Poissonnerie Jos Paquet

Joseph Paquet est ce genre de personnage que l'on aime rencontrer, écouter et côtoyer. Authentique, fort et sensible à la fois, il pêche depuis plus de 35 ans. Il pêche l'esturgeon, l'anguille, le doré et le saumon. Il est reconnu pour son accueil chaleureux, la fraîcheur de ses produits et ses nombreuses anecdotes. Jos est entouré de ses deux fidèles compagnons. D'abord, il y a Hubert qui tient les rênes de la poissonnerie et qui accueille avec fierté la clientèle. Et il y a Camille. Un vrai loup de mer, ce dernier est l'ombre de Jos lorsqu'ils sont à la pêche. À bord du bateau, ces deux hommes se comprennent d'un regard : en levant les filets, en les démêlant et en y retirant ces esturgeons de trois pieds de long. Ce trio « tricoté serré » fait plaisir à voir.

Joseph Paquet is the type of person that everyone loves to meet, listen to and associate with. He's genuine, strong and sensitive all at the same time. He has been fishing for over 35 years. He fishes sturgeon, eel, pike and salmon. He is known for his warm welcomes, fresh products and numerous anecdotes. Jos is supported by his two loyal companions. First, there's Hubert who is at the helm of the fish shop and welcomes customers with great pride. Then there's Camille… a real sea dog. He shadows Jos when they are fishing. On board, these two men need no words to understand each other: they lift the nets, untangle them and remove the three-foot-long sturgeons. This close-knit trio is a pleasure to meet.

Ragoût d'esturgeon

Sturgeon ragout

Pour 4 personnes / *Serves 4*

1 livre (454 g) d'esturgeon
1 lb (454 g) sturgeon
1/4 tasse (30 g) de farine
1/4 cup (30 g) flour
4 c. à soupe (60 ml) d'huile d'olive
4 tbsp (60 ml) olive oil
1/4 tasse (50 g) d'oignon coupé en cubes
1/4 cup (50 g) onion, diced
2/3 tasse (80 g) de poivron rouge coupé en cubes
2/3 cup (80 g) red pepper, diced
3 tomates mondées*, épépinées et coupées en cubes
3 tomatoes blanched, seeded and diced*
3 c. à soupe (45 ml) de pâte de tomate
3 tbsp (45 ml) tomato paste
3/4 tasse (190 ml) de vin blanc
3/4 cup (190 ml) white wine
1 tasse (250 ml) dc bouillon de poulet
1 cup (250 ml) chicken stock
3/8 tasse (95 ml) de crème
3/8 cup (95 ml) cream
2 feuilles de laurier
2 bay leaves
Quelques branches de thym
A few sprigs of thyme
Sel et poivre du moulin
Salt and freshly-ground pepper

1. Découper l'esturgeon en gros cubes et les fariner. / *Cut the sturgeon into large cubes and flour.*
2. Chauffer la moitié de l'huile dans une cocotte. / *Heat half the oil in a casserole.*
3. Saisir les cubes d'esturgeon jusqu'à coloration. / *Sear the cubes of sturgeon until they change colour.*

4. Retirer le poisson aussitôt qu'il est bien doré. / *Remove the fish as soon as it has turned golden brown.*
5. Dans la même cocotte, ajouter l'autre moitié de l'huile et y faire suer les oignons, les poivrons et les tomates. / *In the same casserole, add remainder of oil and sweat the onions, peppers and tomatoes.*
6. Ajouter la pâte de tomate et ensuite les cubes d'esturgeon. *Add tomato paste and then the cubes of sturgeon.*
7. Verser le vin blanc et laisser réduire de moitié. / *Pour in white wine and reduce by half.*
8. Incorporer le bouillon de poulet, la crème et les herbes. *Add chicken stock, cream and herbs.*
9. Assaisonner. / *Season.*
10. Couvrir et laisser mijoter à feu doux environ 45 minutes. *Cover and simmer over low heat for about 45 minutes.*

* Ébouillanter les tomates et retirer la peau.
* Scald the tomatoes and remove skins.

Cuisses d'oie confites et rhubarbe
Goose leg confit and rhubarb

(accompagnées d'une salade avec sa vinaigrette à la rhubarbe) / *(served with salad and rhubarb vinaigrette)*

Philip Rae, Auberge Le Canard Huppé

Pour 4 personnes / *Serves 4*

4 cuisses d'oie gavée
4 legs of fattened goose
16 tasses (4 l) de gras de canard*
16 cups (4 L) duck fat

Marinade sèche / *Dry rub*

3/4 tasse (200 g) de gros sel
3/4 cup (200 g) coarse salt
4 c. à soupe (50 g) de cassonade
4 tbsp (50 g) brown sugar
1 c. à thé (3 g) de mélange 4 épices**
*1 tsp (3 g) 4 spice blend***

1. Séparer en deux parties les cuisses : hauts de cuisses et pilons. / *Separate the legs in two parts: thighs and drumsticks.*
2. Mélanger les ingrédients de la marinade sèche. / *Mix the ingredients of the dry rub.*
3. Sur une plaque, déposer les cuisses côté peau vers le bas. *Place the legs on a plate, skin side down.*
4. Étendre la marinade sèche sur les cuisses tout en appuyant bien afin qu'elle y adhère. / *Rub the legs with the dry rub, pressing well to make it stick.*
5. Réfrigérer 24 heures. / *Refrigerate for 24 hours.*
6. Rincer les cuisses à l'eau afin d'en retirer la marinade. *Rinse the legs in water to remove the dry rub.*
7. Dans un plat allant au four, chauffer le gras de canard. / *Heat the duck fat in an ovenproof dish.*

8. Y déposer les cuisses et cuire au four à couvert à 300 °F (150 °C) environ 3 h 30. / *Place the legs on the dish and bake, covered, at 300 °F (150 °C) for about 3 hours and 30 minutes.*
9. Égoutter les cuisses et les servir accompagnées d'une salade et de la vinaigrette à la rhubarbe. / *Drain the legs and serve with salad and rhubarb vinaigrette.*

Vinaigrette à la rhubarbe / *Rhubarb vinaigrette*

1 œuf
1 egg
1 c. à thé (5 ml) de moutarde de Dijon
1 tsp (5 ml) Dijon mustard
9 onces (250 g) de purée de rhubarbe***
9 oz (250 g) rhubarb purée***
1 c. à soupe (15 ml) de sirop d'érable
1 tbsp (15 ml) maple syrup
3 c. à soupe (45 ml) d'huile de noix
3 tbsp (45 ml) walnut oil
5/8 tasse (160 ml) d'huile végétale
5/8 cup (160 ml) vegetable oil
3/8 tasse (95 ml) de vinaigre de framboises (p. 72)
3/8 cup (95 ml) raspberry vinegar (p. 72)
Sel et poivre du moulin
Salt and freshly-ground pepper

1. Dans un bol, bien mélanger l'œuf, la moutarde, la purée de rhubarbe et le sirop d'érable. / *In a bowl, add the egg, mustard, rhubarb purée and maple syrup. Mix well.*
2. Mélanger les deux huiles et les ajouter graduellement en fouettant comme pour monter une mayonnaise. / *Blend the two oils and gradually add them, while whipping, as if making mayonnaise.*
3. Allonger en ajoutant graduellement le vinaigre de framboises. *Thin by gradually adding the raspberry vinegar.*
4. Assaisonner et réserver. / *Season and set aside.*

* Quantité suffisante pour bien couvrir les cuisses.
* Enough to completely cover the legs.

** Mélange 4 épices : gingembre, girofle, muscade et cannelle. On retrouve ce produit en épicerie. / *** 4 spice blend: ginger, clove, nutmeg and cinnamon. This product is found in grocery stores.*

*** Purée de rhubarbe : 9 onces (250 g) de rhubarbe, 1 c. à soupe (15 ml) d'eau et 2 c. à soupe (30 g) de sucre. Faire mijoter environ 5 minutes les ingrédients et les réduire ensuite en purée. / **** Rhubarb purée: 9 oz (250 g) rhubarb, 1 tbsp (15 ml) water and 2 tbsp (30 g) sugar. Simmer the ingredients for about 5 minutes and then purée.*

Notes

_____

_____

_____

_____

_____

_____

_____

_____

_____

_____

_____

Ferme piscicole Richard Boily

4739, chemin Royal
Sainte-Famille
418 829-2874
erabliereiledorleans.qc.ca

Nicole Gosselin-Boily en a long à dire sur ces vingt-cinq années passées avec Richard, son mari, à établir la réputation de leur ferme piscicole. Issue de la famille Gosselin, Nicole a été élevée à Saint-Laurent sur une ferme laitière où bien sûr, il y avait une érablière. Quant au père de Richard, il œuvrait dans le domaine de la chasse et de la pêche.

À une certaine époque, Nicole et Richard ont entrevu de belles perspectives d'avenir en ce qui touche les pourvoiries et l'ensemencement des lacs, alors ils sont partis à la recherche d'une terre où l'eau abonde. Après être allés à la messe à l'église de Saint-Jean où le cousin de Nicole, le père Laurent Gosselin, prêchait ce dimanche-là, ils découvrent, en faisant le tour de l'île, la propriété où ils sont maintenant installés. En plus de la pisciculture, Richard s'occupe de la transformation des produits de leur érablière. Pendant ce temps, Nicole voit à la bonne gestion de l'entreprise. Elle accueille, en outre, les visiteurs qui souhaitent pêcher la truite mouchetée et guide les touristes désireux de visiter l'érablière. Dans les pages suivantes, elle nous livre ses trucs pour apprêter et déguster la truite dont la chair comble les plus fins gourmets.

Nicole Gosselin-Boily has much to say about the twenty-five years she and her husband Richard have spent building the reputation of their fish farm. Born into the Gosselin family, Nicole was raised in Saint-Laurent on a dairy farm where, of course, there was a maple grove. As for Richard's father, he worked in the hunting and fishing industry.

Eventually, Nicole and Richard saw some great future prospects in outfitting and the stocking of lakes so they went searching for land with an abundance of water. After attending mass at Saint-Jean church where Nicole's cousin, Father Laurent Gosselin, preached that Sunday, they toured the island and discovered the property that they now own. In addition to fish farming, Richard oversees the processing of their maple grove products. In the meantime, Nicole ensures that the business is running smoothly. She also welcomes visitors interested in fishing for brook trout and is the guide for tourists wishing to visit the maple grove. In the following pages, she shares her tips for preparing and appreciating trout, which continues to delight the palates of the finest gourmets.

Une truite par personne / *One trout per person*

1 truite d'environ 1 livre (454 g)
[elle mesurera environ 12 pouces ou 30 cm]
1 trout of approximately 1 lb (454 g) [it will measure
approximately 12 inches or 30 cm]
Sel et poivre
Salt and pepper

Choix de l'un ou de plusieurs des ingrédients suivants :
One or more of the following ingredients:
Échalotes ou oignons
Shallots or onions
Légumes finement coupés
Finely chopped vegetables
Bacon coupé en morceaux
Bacon, diced
Beurre à l'ail et persil
Garlic butter and parsley
Vin blanc, jus de citron ou sirop d'érable
White wine, lemon juice or maple syrup
Fromage cheddar
Cheddar

1. Rincer la truite et l'assécher avec un papier absorbant. Saler et poivrer. / *Rinse the trout and dry it with paper towels. Add salt and pepper.*
2. Farcir ensuite la truite à votre goût avec les ingrédients mentionnés ci-dessus. / *Then, choosing from the ingredients above, stuff the trout to your taste.*

Poêlée : Fariner légèrement la peau pour rendre la truite plus croustillante. Poêler à intensité moyenne dans du beurre (ou du beurre et de l'huile) environ 8 minutes par côté. *Frying pan: Lightly flour the skin to make the trout crispier. Fry in butter (or butter and oil) on medium heat for about 8 minutes each side.*

Cuisson au four : Envelopper la truite dans un papier d'aluminium et cuire à 325 °F (160 °C), environ 25 minutes. *Oven: Wrap the trout in aluminium foil and bake for about 25 minutes at 325 °F (160 °C).*

Au barbecue : Envelopper la truite dans un papier d'aluminium et cuire à intensité moyenne, environ 8 minutes par côté. / *Barbecue: Wrap the trout in aluminium foil and cook on medium heat for about 8 minutes each side.*

Truite mouchetée fraîchement pêchée

Freshly-fished brook trout

Astuce du Canard Huppé : Si vous utilisez la méthode au four ou au barbecue, vous pouvez la cuire à découvert sur une planche de cèdre que vous aurez trempée dans l'eau une dizaine de minutes avant de la mettre au four (cuire environ 12 minutes). Le cèdre donnera un parfum particulier à la truite. / *Tips from Le Canard Huppé: If you use the oven or barbecue method, you can cook the trout, uncovered, on a cedar plank that has previously been soaked in water for ten minutes before placing in the oven (bake for about 12 minutes). The cedar will give the trout a particularly pleasing aroma.*

Les arêtes vous « embêtent »?
Suivez la technique de Nicole
Don't care for fishbones?
Follow Nicole's technique

1 Soulever la peau de la tête à la queue avec l'aide de vos doigts.
Using your fingers, lift the skin from the head to the tail.

2 Piquer ensuite la fourchette sur la ligne qui sépare le poisson en deux sur le sens de la longueur.
Then stick your fork into the line that separates the fish in two, lengthwise.

3 Descendre délicatement la fourchette en suivant le sens des arêtes. Manger votre poisson au fur et à mesure.
Gently move the fork downwards in the direction of the fishbones. Eat the fish as you go along.

Le poisson est-il frais? Oui, …

Is the fish fresh? Yes, if…

1. S'il est brillant comme s'il était humide / *It shines, as if it were wet*
2. Si l'œil est bombé / *The eye is rounded*
3. S'il est inodore / *It has no odour*

4 Adopter la même technique pour l'autre partie.
Use the same technique for the other section.

5 Pour manger l'autre moitié, lever l'arête principale doucement vers l'arrière à l'aide d'un couteau.
To eat the other half, use a knife to gently lift away the backbone.

6
Déguster. / *Enjoy.*

Ferme La Rosacée

Petite, Christiane Grégoire cueillait déjà des framboises et des fraises des champs avec son père. Plus tard, alors mère de famille, elle entretenait ce rêve qu'une fois ses enfants autonomes, elle cultiverait fraises, framboises et bleuets. En 2000, elle s'installe à Saint-Pierre, juste à la limite de Sainte-Pétronille, et son rêve devient réalité avec la création de sa ferme, La Rosacée. Cette ferme impeccable, à son image, surplombe le pont de l'île et les chutes Montmorency. Dans son kiosque rempli de produits qu'elle cuisine elle-même, Christiane accueille ses clients avec un plaisir sincère. Les cueilleurs reviennent chaque année faire leurs provisions de petits fruits et profiter de ce magnifique site. Jacqueline et Robert, ses parents, l'entourent et l'aident tout au long de la saison. Ses marinades, confits, ketchups, confitures, gelées, vinaigres, sirops et coulis font le bonheur de sa fidèle clientèle. L'île d'Orléans ne pourrait plus se passer d'elle.

As a child, Christiane Grégoire was already picking raspberries and wild strawberries with her father. Later, as a mother, she dreamed of growing strawberries, raspberries and blueberries once her children were on their own. In 2000, she settled in Saint-Pierre, near Sainte-Pétronille, and her dream became a reality with her farm, La Rosacée. Her farm is impeccable, as she is, and it overlooks the Île d'Orléans bridge and Montmorency Falls. Christiane warmly welcomes customers at her stand, which is filled with products she has prepared herself. The pickers come each year to stock up on berries and enjoy the magnificent site. Her parents Jacqueline and Robert provide assistance and support all season long. Her marinades, confits, ketchups, jams, jellies, vinegars, syrups and coulis bring sheer joy to her loyal customers. Île d'Orléans just wouldn't be the same without her.

165, chemin Royal
Saint-Pierre
418 828-0662

Pouding aux
framboises

Raspberry pudding

Pour 4 à 6 personnes / *Serves 4 to 6*

Coulis de framboises / *Raspberry coulis*

4 tasses (500 g) de framboises
4 cups (500 g) raspberries
1 1/3 tasse (300 g) de sucre
1-1/3 cups (300 g) sugar
2/3 tasse (170 ml) d'eau
2/3 cup (170 ml) water

1. Passer les framboises au mélangeur afin d'obtenir une purée. / *Put the raspberries through the blender to make a purée.*
2. Chauffer l'eau et le sucre environ 3 à 4 minutes. / *Heat the water and sugar for about 3-4 minutes.*
3. Ajouter les framboises et cuire 3 minutes. / *Add the raspberries and cook for 3 minutes.*
4. Passer la préparation au tamis le plus fin possible. / *Pass the mixture through a very fine sieve.*

Pouding / *Pudding*

1 œuf
1 egg
1 tasse (115 g) de farine tamisée
1 cup (115 g) sifted flour
1 tasse (225 g) de sucre
1 cup (225 g) sugar
1 c. à thé (5 g) de poudre à pâte
1 tsp (5 g) baking powder
1 pincée de sel
1 pinch of salt
1 c. à thé (5 ml) d'extrait de vanille
1 tsp (5 ml) vanilla extract
1/2 tasse (125 ml) de lait
1/2 cup (125 ml) milk

Garniture / *Filling*

1 tasse (125 g) de framboises
1 cup (125 g) raspberries
1/2 tasse (110 g) de sucre
1/2 cup (110 g) sugar

1. Déposer les framboises mélangées avec le sucre dans un moule à gâteau d'environ 8 pouces (20 cm). / *Put the raspberries that have been mixed with the sugar in an 8-inch (20 cm) cake pan.*
2. Battre l'œuf, ajouter la farine, le sucre, la poudre à pâte, le sel, la vanille et le lait et bien mélanger. / *Beat the egg, add flour, sugar, baking powder, salt, vanilla, milk and mix well.*
3. Déposer le mélange du pouding sur les framboises et le sucre. / *Pour the pudding mixture on the raspberries and sugar.*
4. Cuire au four environ 40 minutes à 375 °F (190 °C). / *Bake in a 375 °F (190 °C) oven for about 40 minutes.*

Servir avec le coulis de framboises.
Serve with raspberry coulis.

Astuce du Canard Huppé : Remplacez 3 c. à soupe (45 ml) de lait par la même quantité de Grand Marnier dans la préparation du pouding et ajoutez-en 3 c. à soupe (45 ml) dans le coulis de framboises. / *Tips from Le Canard Huppé: For the pudding mixture, substitute 3 tbsp (45 ml) milk with the same quantity of Grand Marnier and add 3 tbsp (45 ml) to the raspberry coulis.*

Les Haricots de l'île d'Orléans

Voici l'histoire : il y a environ 13 ans, Daniel Blais et Stéphane Gosselin entrevoient une belle possibilité en ce qui touche à la culture des haricots. Ils cultivent déjà des pommes de terre et des fraises sur leurs terres respectives, mais tous deux veulent diversifier leurs productions. Cette réflexion les mènera à la création des Haricots de l'île d'Orléans. Ils délaissent alors complètement les fraises pour se consacrer à cette culture. Aujourd'hui, avec 325 acres de haricots, ils figurent parmi les plus grands producteurs. Des haricots verts et jaunes, bien sûr, mais aussi les haricots « filets » poussent dans leurs champs. Comme les doigts de la main, nos deux producteurs peuvent toujours compter l'un sur l'autre. Daniel affirme aussi que c'est grâce à l'aide et au soutien de sa conjointe Francine qu'il a réussi cette belle entreprise. Puis, il suffit de voir la manière dont Stéphane regarde Marie-Claude pour comprendre qu'il n'en pense pas moins à l'égard de celle-ci.

Here's the story: about 13 years ago, Daniel Blais and Stéphane Gosselin saw an excellent opportunity in the cultivation of beans. They were already growing potatoes and strawberries on their respective lands but they both wanted to vary their crops. This led to the creation of Les Haricots de l'île d'Orléans. They then quit cultivating strawberries and committed to growing beans. Today, with 325 acres of beans, they are one of the largest producers. Their fields produce not only green beans and wax beans but also French filet beans. As sure as the sun rises each day, these two farmers can always count on one another. Daniel says that the secret of his success is due to the help and support of his spouse Francine. As for Stéphane, the way he looks at Marie-Claude says it all.

352, chemin Royal
Saint-Laurent • 418 829-3713

Salade fraîche de **haricots**

Fresh bean salad

Pour 4 à 6 personnes / *Serves 4 to 6*

1 5/8 livre (750 g) de haricots verts et jaunes équeutés
1-5/8 lbs (750 g) green beans and wax beans, stems removed
12 tomates séchées coupées en lamelles
12 sun-dried tomatoes, cut into strips
1 livre (454 g) de fromage bocconcini coupé en lamelles
1 lb (454 g) bocconcini cheese, sliced
4 échalotes françaises émincées finement
4 shallots, thinly sliced

1. Cuire les haricots dans l'eau jusqu'à ce qu'ils soient tendres et croquants. / *Cook the beans in water until crispy-tender.*
2. Refroidir à l'eau glacée le plus rapidement possible. / *Cool in iced water as quickly as possible.*
3. Les déposer dans un grand saladier avec les tomates, le fromage bocconcini et les échalotes. / *Place them in a large salad bowl with the tomatoes, bocconcini and shallots.*
4. Réserver. / *Set aside.*

Vinaigrette / *Vinaigrette*

4 c. à soupe (60 ml) de moutarde de Dijon
4 tbsp (60 ml) Dijon mustard
1 c. à soupe (3 g) d'herbes fraîches
(ciboulette, origan, basilic, sarriette ou autres)
1 tbsp (3 g) fresh herbs (chives, oregano, basil, savory or other)
1 c. à soupe (3 g) d'herbes salées
1 tbsp (3 g) salted herbs
1 tasse (250 ml) d'huile d'olive
1 cup (250 ml) olive oil
1/4 tasse (65 ml) de vinaigre de vin blanc
1/4 cup (65 ml) white wine vinegar
1 gousse d'ail hachée finement
1 clove garlic, finely chopped
Sel et poivre
Salt and pepper

1. Fouetter énergiquement la moutarde de Dijon avec les herbes. / *Add the herbs to the Dijon mustard and whisk briskly.*
2. Ajouter l'huile en un mince filet sans jamais cesser de fouetter afin d'obtenir une onctueuse émulsion. / *Keep whisking and add oil in a thin steady stream in order to obtain a smooth mixture.*
3. Ajouter le vinaigre et l'ail, puis le sel et le poivre. / *Add vinegar and garlic, then salt and pepper.*
4. Terminer la salade en incorporant la vinaigrette aux haricots. / *Finish the salad by adding the vinaigrette to the beans.*

Astuce du Canard Huppé : Faites mariner vos tranches de bocconcini au moins 24 heures dans le vinaigre balsamique rouge ou blanc; elles deviendront plus « goûteuses » et plus fermes.
Tips from Le Canard Huppé: Marinate the bocconcini slices for at least 24 hours in red or white balsamic vinegar; they will be tastier and firmer.

Notes

_____

_____

_____

_____

_____

Gelée de **gadelles, groseilles** et **cerises**

Currant, gooseberry and cherry jelly

Danielle Hébert, Les Serres Roch Hébert

2 tasses de fruits (250 g) donneront environ 1 tasse (250 ml) de gelée. / *2 cups of fruit (250 g) yields approximately 1 cup (250 ml) of jelly.*

Gadelles / *Currants*
Groseilles / *Gooseberries*
Cerises / *Cherries*
Eau / *Water*
Sucre / *Sugar*

1. Mettre les gadelles, groseilles et cerises dans une casserole. / *Place the currants, gooseberries and cherries in a saucepan.*

2. Ajouter de l'eau à égalité des fruits, amener à ébullition et laisser mijoter pour faire éclater les fruits. / *Add enough water to reach the top of the fruit, bring to a boil and simmer until the berries and cherries burst.*

3. Retirer du feu, verser dans un « coton à fromage » et laisser égoutter une nuit pour créer le jus de la gelée. *Remove from heat. Pour through a cheese-cloth and drain overnight to make the juice for the jelly.*

4. Mesurer le jus et ajouter le sucre (même quantité de sucre que de jus). / *Measure the juice and add sugar (equal parts sugar and juice).*

5. Amener à ébullition et laisser le mélange bouillir pour que le thermomètre marque 221 °F (105 °C). Verser immédiatement dans les bocaux stérilisés et sceller. / *Bring to a boil and let the mixture boil until the thermometer reaches 221 °F (105 °C). Pour immediately into sterilized jars and seal.*

On peut préparer la gelée en n'utilisant qu'un de ces fruits; elle sera tout aussi délicieuse.
You can make the jelly with only one of these fruits. It will be just as delicious.

Astuce du Canard Huppé : Pour des canapés rapides, déposez votre fromage préféré sur un croûton de pain légèrement grillé au four sur lequel vous déposerez une noix de gelée. / ***Tips from Le Canard Huppé:*** *For quick canapés, put your favourite cheese on a slice of lightly-grilled bread and add a pat of jelly.*

3948, chemin Royal
Sainte-Famille
418 829-2639
(Présent au Marché du Vieux Port)
(Present at Marché du Vieux Port)

Ferme François Blouin

C'est un peu, et même beaucoup grâce à lui que ce livre de recettes a vu le jour. François Blouin, président du Syndicat de base de l'Union des producteurs agricoles (UPA), encourage et soutient les projets innovateurs qui permettront aux producteurs de l'île d'Orléans de montrer leur savoir-faire. Son franc-parler est nécessaire au sein des nombreux comités auxquels il participe. On aime son authenticité. Son hospitalité et sa générosité nous touchent. Derrière un air rebelle, on découvre un homme sensible, sérieux, fier et méthodique. De concert avec Anne Pichette, sa conjointe, il cultive des asperges, des fraises, des framboises, des bleuets, des pommes et des prunes. Toutefois, ce sont les bleuets en corymbe qui retiennent le plus notre attention. Ces petits fruits se distinguent par leur grosseur et leur saveur.

Dans les champs règne une atmosphère où le travail côtoie à merveille le respect et l'humour. Parions que François et Anne y sont pour beaucoup...

Thanks to François Blouin and his willingness to explore new avenues, this recipe book has seen the light of day. As president of the local syndicate of the Union des producteurs agricoles (UPA), he promotes and supports innovative projects that allow the farmers of Île d'Orléans to demonstrate their knowledge and know-how. He participates in many committees where his forthright approach is a necessity. People appreciate his genuine manner and are touched by his hospitality and generosity. Behind the air of rebellion, there is a sensible, serious, proud and methodical man. Along with his spouse Anne Pichette, he grows asparagus, strawberries, raspberries, blueberries, apples and plums. However, the highbush blueberries are what garner the most attention. These berries are distinguished by their size and flavour.

Their fields are where hard work, respect and humour go hand in hand. You can bet that François and Anne have a lot to do with it...

Tarte aux **bleuets** et chocolat
Blueberry and chocolate pie

Pour une tarte de 9 pouces (23 cm)
Makes one 9-inch (23 cm) pie

Croûte à tarte / *Pie crust*

1 tasse (185 g) de chapelure Graham
1 cup (185 g) graham crumbs
3 c. à soupe (45 g) de sucre
3 tbsp (45 g) sugar
1/4 tasse (95 ml) de beurre fondu
1/4 cup (95 ml) melted butter

1. Bien mélanger la chapelure de biscuits, le sucre et le beurre.
   Combine graham crumbs, sugar and butter. Mix well.
2. Presser le mélange dans une assiette à tarte de 9 pouces
   (23 cm). / *Press the mixture into a 9-inch (23 cm) pie plate.*
3. Cuire à 325 °F (165 °C) durant 12 à 15 minutes. Réserver.
   Bake between 12-15 minutes at 325 °F (165 °C). Set aside.

Crème pâtissière / *Pastry cream*

1 tasse (250 ml) de lait
1 cup (250 ml) milk
1 c. à soupe (15 ml) d'extrait de vanille
1 tbsp (15 ml) vanilla extract
2 œufs
2 eggs
1/4 tasse (40 g) de sucre à glacer
1/4 cup (40 g) icing sugar
1/4 tasse (30 g) de farine
1/4 cup (30 g) flour

1. Dans un bol, déposer les œufs, le lait, la farine, la vanille et le
   sucre. / *In a bowl, add eggs, milk, flour, vanilla and sugar.*
2. Bien mélanger pour obtenir une texture homogène. / *Mix
   well until texture is smooth.*
3. Verser la préparation dans une casserole et la faire chauffer
   à feu moyen en remuant doucement. / *Pour the mixture into
   a saucepan and heat on medium heat while stirring gently.*
4. Continuer la cuisson jusqu'à ce que la crème nappe très
   bien la cuillère, tout en remuant constamment afin
   qu'elle ne colle pas au fond de la casserole. / *Continue
   cooking until the cream coats the spoon well, while
   stirring constantly to prevent it from sticking to the
   bottom of the saucepan.*
5. Laisser ensuite refroidir. / *Let cool.*

Garniture / *Filling*

1 1/2 tasse (185 g) de bleuets
1-1/2 cups (185 g) blueberries
Copeaux de chocolat pour décorer la tarte
Chocolate shavings to garnish the pie
1 tasse (250 ml) de crème à fouetter
1 cup (250 ml) whipped cream

1. Déposer une tasse de bleuets dans le fond de la croûte.
   Add one cup blueberries to the bottom of the crust.
2. Couvrir avec la crème pâtissière. / *Cover with the pastry cream.*
3. Garnir la tarte de crème fouettée et la décorer avec le reste
   des bleuets et les copeaux de chocolat. / *Garnish the pie
   with whipped cream and decorate with the remainder of
   the blueberries and chocolate shavings.*

Astuce du Canard Huppé : Amateurs de chocolat… modifiez la
recette : ajoutez 3/4 once (20 g) de chocolat au mélange de lait
chaud, juste avant d'incorporer le mélange : œufs, farine, sucre et
vanille. / *Tips from Le Canard Huppé: Chocolate lovers…
modify the recipe: add 3/4 oz (20 g) of chocolate to the hot
milk mixture, just prior to incorporating the egg, flour, sugar
and vanilla mixture.*

Auberge La Goéliche

L'auberge La Goéliche fait partie de l'histoire de l'île d'Orléans. Construite à Sainte-Pétronille en 1895 à proximité du quai de Bowen, le premier de l'île d'Orléans, elle portait alors le nom de « Château Bel-Air ». Les citadins y venaient alors en grand nombre pour danser et festoyer. C'est en 1990 qu'Andrée Marchand se porte acquéreur de l'auberge pour ensuite passer les rênes graduellement à sa fille Marie-Andrée Turgeon, depuis 2005. À la fois chaleureuse, rieuse et espiègle, Marie-Andrée a tout de la parfaite aubergiste. Exigeante envers elle-même autant qu'à l'égard de ses collaborateurs, elle tient à ce que ses invités soient heureux de leur séjour chez elle. Son conjoint et partenaire d'affaires, Pascal Bussières, possède la même philosophie. Ensemble, ils accueillent leurs invités dans leur auberge qui offre une vue spectaculaire sur le fleuve Saint-Laurent et la ville de Québec. Qui dit auberge dit bonne cuisine : Frédéric Casadei, le chef de l'auberge, partage quelques recettes simples qu'il a spécialement concoctées pour nous. Bon appétit!

Auberge La Goéliche is part of Île d'Orléans' history. The inn, formerly named "Château Bel-Air", was built in Sainte-Pétronille in 1895 near Bowen wharf, the first in Île d'Orléans. City dwellers used to come in great numbers to dance and feast. In 1990, Andrée Marchand acquired the inn and has been gradually passing the reins to her daughter Marie-Andrée Turgeon since 2005. Warm, cheerful and vivacious, Marie-Andrée has all the qualities of a perfect innkeeper. The high standards she has set for herself and her colleagues ensure that her guests are delighted with their stay. Her spouse and business partner, Pascal Bussières, shares the same philosophy. Together, they welcome their guests to the inn, which has a spectacular view of the St. Lawrence River and Québec City. Inns and fine cuisine go hand in hand: Frédéric Casadei, the inn's chef, shares a few simple recipes, created especially for us. Bon appétit!

22, chemin du Quai
Sainte-Pétronille
418 828-2248
goeliche.ca

Carré d'agneau en croûte de bleuets

Rack of lamb wrapped in blueberry pastry

Pour 4 personnes / *Serves 4*

2 carrés d'agneau de 7/8 livre (400 g) chacun
2 lamb racks, 7/8 lb (400 g) each
2 1/2 tasses (300 g) de bleuets
2-1/2 cups (300 g) blueberries
2 c. à soupe (30 ml) de moutarde à l'ancienne
2 tbsp (30 ml) whole grain mustard
3/4 tasse (100 g) de panure
3/4 cup (100 g) breadcrumbs
2 jaunes d'œufs
2 egg yolks
3/8 tasse (95 ml) de miel
3/8 cup (95 ml) honey
2 tasses (500 ml) de fond de veau
2 cups (500 ml) veal stock
1 c. à thé (5 g) de beurre
1 tsp (5 g) butter

1. Pour la croûte, dans le bol du mélangeur, incorporer les deux jaunes d'œufs, le tiers des bleuets, la moutarde et la panure. / *For the pastry dough: in the mixer's bowl, add two egg yolks, a third of the blueberries, mustard and breadcrumbs.*
2. Bien mélanger le tout jusqu'à l'obtention d'une pâte qui ne doit pas être trop humide ni trop sèche, car elle risquerait d'être cassante. / *Mix all ingredients well. The dough should not be too moist or too dry as it may become crumbly.*
3. Laisser reposer 30 minutes. / *Allow to rest for 30 minutes.*
4. Enrober les carrés avec la croûte. / *Wrap the lamb racks in the pastry.*
5. Dans un poêlon, saisir les carrés. / *Fry lamb racks in a saucepan.*
6. La coloration doit devenir blond doré. / *They should turn a light golden colour.*
7. Mettre au four à 350 °F (175 °C) jusqu'à la cuisson désirée (une vingtaine de minutes pour une cuisson saignante). *Bake at 350 °F (175 °C) until desired doneness (allow about 20 minutes of cooking time for rare).*
8. Pour la sauce, faire réduire le fond de veau de moitié avec le reste des bleuets et le miel. / *For the sauce, reduce the veal stock by half with the rest of the blueberries and honey.*
9. À la fin, ajouter le beurre et le faire fondre dans la sauce en brassant. / *At the end, add butter and let it melt in the sauce while stirring.*
10. Accompagner le carré de sa sauce et déguster le tout avec une bonne jardinière de légumes de saison et une purée de pommes de terre. / *Serve lamb racks with the sauce and enjoy with mashed potatoes and a medley of seasonal vegetables.*

Gratin de **framboises** et **bleuets**

Raspberry and blueberry gratin

Frédéric Casadei, Auberge La Goéliche

Pour 4 à 6 personnes / *Serves 4 to 6*

1 1/2 tasse (185 g) de framboises
1-1/2 cups (185 g) raspberries
1 1/2 tasse (185 g) de bleuets
1-1/2 cups (185 g) blueberries
10 jaunes d'œufs battus
10 egg yolks, beaten
2 tasses (500 ml) de lait chaud
2 cups (500 ml) warm milk
2 tasses (500 ml) de crème 35 %
2 cups (500 ml) 35% cream
2/3 tasse (150 g) de sucre
2/3 cup (150 g) sugar
4 c. à soupe (50 g) de sucre d'érable
4 tbsp (50 g) maple sugar
4 c. à soupe (60 g) de graines de tournesol
4 tbsp (60 g) sunflower seeds

1. Dans un bol, mélanger le sucre avec les jaunes d'œufs.
In a bowl, mix the sugar with egg yolks.
2. Ajouter le lait et la crème. / *Add milk and cream.*
3. Dans une casserole, faire cuire doucement en fouettant constamment jusqu'à ce que la crème épaississe. Ne pas faire bouillir la crème. / *Cook gently in a saucepan and whisk continuously until cream thickens. Do not bring cream to a boil.*
4. Refroidir en déposant immédiatement la casserole dans un bain d'eau glacée. / *Cool immediately by setting the saucepan in iced water.*
5. Réserver. / *Set aside.*
6. Nettoyer les fruits et les répartir dans les ramequins. / *Wash the berries and divide them into ramekins.*

7. Couvrir de crème anglaise et cuire au four à 325 °F (160 °C) pendant 6 minutes. / *Cover with custard and bake at 325 °F (160 °C) for 6 minutes.*
8. Saupoudrer de sucre d'érable et de graines de tournesol et faire griller jusqu'à l'obtention d'une belle croûte dorée. *Sprinkle some maple sugar and sunflower seeds and broil until crust is nice and golden.*

Notes

Bernard Monna n'est pas peu fier de ses deux filles. Belles et douces, les sœurs Catherine et Anne rayonnent. Dans leurs yeux brille une lueur qui ne trompe pas : la passion. C'est à croire que le cassis coule dans leurs veines. Cette cinquième génération de liquoristes produit, sur la ferme paternelle de 4,5 hectares, 25 000 livres de cassis qui seront transformées en 15 000 bouteilles de vin et de liqueur. La récolte des fruits a lieu vers la fin juillet et dure environ une semaine. Un vin apéritif, le Fruité, la fameuse Crème de cassis, le Madérisé qui, comme son nom l'indique, utilise le procédé de fermentation des vins de Madère et le Capiteux, un vin fortifié fabriqué comme les portos, sont offerts en dégustation dans leur cave. Catherine et Anne cuisinent aussi une gelée sucrée, une moutarde, un sirop et un confit d'oignons, au cassis bien sûr! Afin de faire découvrir les mille et une façons de déguster leur « or noir », elles vous suggèrent de savourer un délicieux repas au restaurant café-terrasse La Monnaguette. Celui-ci, perché sur le cap, enivre l'invité par le décor naturel qu'offrent le fleuve Saint-Laurent, le pont de l'île d'Orléans, la chaîne de montagnes les Laurentides et les champs de cassissiers. C'est cela le bonheur!

Bernard Monna is proud of his two daughters. Charming and delightful sisters Catherine and Anne are positively beaming. The unmistakable sparkle in their eyes shows that they are passionate about what they do. It's as if black currants course through their veins. This fifth generation of liqueur makers has a family farm of 4.5 hectares where 25,000 lbs of black currants are grown and then processed into 15,000 bottles of wines and liqueurs. The fruit harvest begins at the end of July and lasts approximately one week.

The following wines are all available for tasting in their cellar: the appetizer wine Fruité, the famous Crème de cassis, Madérisé that, as its name suggests, uses the fermentation process of Madeira wines, and Capiteux, a fortified wine made like port. Catherine and Anne also make sweet jellies, mustards, syrups and onion confits… with black currants, of course! Discover the thousands of ways to savour their "black gold" and enjoy a delicious meal at their terraced café-restaurant La Monnaguette. Perched on the cape and surrounded by the beauty of nature, the restaurant offers a breathtaking view of the St. Lawrence River, the Île d'Orléans bridge, the Laurentian mountains and the fields of black currant plants. Pure bliss!

721, chemin Royal
Saint-Pierre
418 828-2525
cassismonna.com

Cassis Monna & Filles

Warm goat's cheese salad with black currant onion confit

Salade de chèvre chaud au cassis

Pour 4 personnes / *Serves 4*

Mesclun
Mesclun
4 tranches de paillot de chèvre de 3 1/2 onces (100 g) chacune
4 slices Paillot de chèvre goat's cheese, 3-1/2 oz (100 g) each slice
4 croûtons de pain aux grains
4 thick slices of grilled grain bread
Amandes entières grillées
Whole almonds, toasted
Fruits frais ou séchés
Fresh or dried fruits
Confit d'oignons au cassis (voir recette)
Black currant onion confit (see recipe)
Vinaigrette au cassis La Monnaguette (voir recette)
La Monnaguette black currant vinaigrette (see recipe)

1. Déposer le fromage de chèvre sur les croûtons et les passer sous le gril 2 minutes. / *Place the goat's cheese on the grilled bread and broil for 2 minutes.*
2. Pendant ce temps, incorporer la vinaigrette au mesclun et y ajouter les fruits et les amandes. / *In the meantime, mix the vinaigrette with the mesclun and add the fruits and almonds.*
3. Compléter en déposant les croûtons sur la salade et un peu de confit d'oignons sur le fromage. / *Place the bread slices on the salad and add a bit of onion confit on the cheese.*

Astuce du Canard Huppé : Remplacez le mesclun par un mélange de fraises, endives et épinards. / ***Tips from Le Canard Huppé:*** *Substitute mesclun with a mix of strawberries, endives and spinach.*

Confit d'oignons au cassis
Black currant onion confit

4 tasses (400 g) d'oignon espagnol coupé
en fines lanières
4 cups (400 g) Spanish onions, cut into thin strips
2 tasses (200 g) d'oignon rouge coupé en fines lanières
2 cups (200 g) red onions, cut into thin strips
1/2 tasse (110 g) de sucre
1/2 cup (110 g) sugar
Un soupçon d'huile d'olive
A light drizzle of olive oil
1/2 tasse (125 ml) de sirop de cassis ou de crème de cassis
1/2 cup (125 ml) black currant syrup or crème de cassis
Un soupçon de jus de citron
A hint of lemon juice

1. Dans une grande casserole, chauffer l'huile d'olive à feu moyen et y faire tomber l'oignon. Ajouter le sucre et continuer à brasser. Une fois l'oignon blanchi, le retirer du feu et bien l'égoutter. / *In a large saucepan, heat the olive oil on medium heat and sauté the onions. Add the sugar and keep stirring. After briefly cooking the onions in the oil (blanching), remove from heat and drain well.*
2. Remettre l'oignon dans la grande casserole, ajouter le sirop ou la crème de cassis et le jus de citron. / *Return onions to the large saucepan, add black currant syrup or crème de cassis and lemon juice.*
3. Remettre sur feu vif et réduire jusqu'à consistance désirée. *Cook on high heat and reduce to desired consistency.*

Vinaigrette au cassis La Monnaguette
La Monnaguette black currant vinaigrette

1/2 c. à soupe (8 ml) de moutarde de Dijon
1/2 tbsp (8 ml) Dijon mustard
4 c. à thé (20 ml) de vinaigre de cassis
4 tsp (20 ml) black currant vinegar
1/2 tasse (125 ml) de crème de cassis ou de sirop de cassis
1/2 cup (125 ml) crème de cassis or black currant syrup
2/3 tasse (170 ml) d'huile végétale
2/3 cup (170 ml) vegetable oil
Sel et poivre
Salt and pepper

1. Combiner la moutarde de Dijon et la crème ou le sirop de cassis. / *Mix Dijon mustard and crème de cassis or black currant syrup.*
2. Déposer le mélange de moutarde et de crème de cassis dans un mélangeur et y ajouter graduellement l'huile végétale, jusqu'à consistance onctueuse. Terminer en ajoutant du sel et du poivre au goût. / *Pour the mustard and black currant mixture into a blender and gradually add the vegetable oil. Blend until smooth. Add salt and pepper to taste.*

Cette vinaigrette peut se conserver à température ambiante.
The vinaigrette can be stored at room temperature.

Sangria au cassis

Black currant sangria

Anne & Catherine Monna, Cassis Monna & Filles

Environ 6 tasses ou 1 1/2 litre
Approximately 6 cups or 1-1/2 litres

1 partie de crème de cassis (5/8 tasse ou 150 ml)
1 part crème de cassis (5/8 cup or 150 ml)
2 parties de club soda (1 1/4 tasse ou 300 ml)
2 parts club soda (1-1/4 cups or 300 ml)
3 parties de jus d'orange (1 3/4 tasse ou 450 ml)
3 parts orange juice (1-3/4 cups or 450 ml)
5 parties de vin apéritif de cassis Fruité (3 tasses ou 750 ml)
5 parts Fruité appetizer wine (3 cups or 750 ml)

Mélanger les ingrédients. Ajouter des glaçons et servir dans
de jolies coupes décorées de fruits frais! / *Mix ingredients. Add
ice cubes and serve in nice cups garnished with fresh fruit!*

Fermes
Jacques Coulombe & Fils

A la fois sensible et fort, Richard Coulombe travaille d'arrache-pied dans ses champs. Heureusement, il y a la famille, une famille unie qui dans toutes circonstances s'épaule pour récolter le fruit de tant d'efforts. Entouré de son épouse, Élaine, et de ses enfants, Amélie, Julien, Eva et Edouard, Richard se réjouit à l'idée que l'avenir des fermes soit assuré par cette jeune relève. Ces terres magnifiques d'environ 500 hectares offrent aux légumes en croissance la plus belle vue au Québec. Le panais, le chou nappa, la laitue chinoise, le bok choy, la carotte orange et marron et l'asperge y poussent en abondance. Toutefois, le brocoli triomphe avec ses 210 acres de culture. On le dit anticancérigène tout comme les autres membres de la famille des choux.

Beau temps, mauvais temps, Richard Coulombe se met à l'ouvrage avec toute la détermination dont il sait faire preuve. Inspirant, non?

816, chemin Royal • Saint-Laurent
418 829-3784 • fjc@oricom.ca

Sensitive and strong at the same time, Richard Coulombe works tirelessly in the fields. Fortunately, his close-knit family is always there – through thick and thin – to lend a hand and reap the fruits of their labour. Richard can count on the support of his wife Élaine, and his children Amélie, Julien, Eva and Edouard. He is delighted that the future of the farm is in the hands of this next generation. The vegetables growing on this magnificent land of circa 500 hectares have the most beautiful view in Quebec. Parsnips, Chinese lettuce, nappa cabbage, bok choy, orange and maroon carrots, and asparagus all grow in great abundance. However, broccoli, cultivated on 210 acres of land, is what reigns supreme. Like the other members of the cabbage family, broccoli has anticarcinogenic properties.

Rain or shine, Richard Coulombe goes to work with all the determination he can muster. Inspiring, isn't it?

Chow mein à la Coulombe

Coulombe's chow mein

Pour 4 personnes / *Serves 4*

2 bok choys (2/3 livre ou 300 g)
2 bok choys (2/3 lb or 300 g)
1 brocoli (1/2 livre ou 225 g)
1 broccoli (1/2 lb or 225 g)
1 oignon rouge
1 red onion
2 poitrines de poulet (2/3 livre ou 300 g)
2 chicken breasts (2/3 lb or 300 g)
1/2 chou nappa émincé (3/4 livre ou 340 g)
1/2 nappa cabbage, thinly sliced (3/4 lb or 340 g)
1/2 laitue chinoise émincée (3/4 livre ou 340 g)
1/2 Chinese lettuce, thinly sliced (3/4 lb or 340 g)
4 carottes marron en julienne (1/2 livre ou 225 g)
4 maroon carrots, julienned (1/2 lb or 225 g)
1 c. à soupe (15 g) de gingembre haché
1 tbsp (15 g) ginger, chopped
3 c. à soupe (45 ml) d'huile de sésame
3 tbsp (45 ml) sesame oil
3 c. à soupe (45 ml) d'huile de pépin de raisin
3 tbsp (45 ml) grapeseed oil
3 c. à soupe (45 ml) de sauce soya
3 tbsp (45 ml) soya sauce
Sel et poivre
Salt and pepper

1. Couper les bok choys en deux, les badigeonner d'huile de sésame et les faire dorer des deux côtés dans une poêle jusqu'à ce qu'ils soient tendres. / *Cut the bok choys in half, brush with sesame oil and brown both sides in a pan until tender.*

2. Saler, poivrer et réserver au chaud. / *Add salt and pepper. Set aside and keep warm.*

3. Tailler le brocoli en petits bouquets et trancher l'oignon rouge en quartiers. / *Cut the broccoli into small florets and slice the red onion into quarters.*

4. Découper les poitrines de poulet en lanières. / *Slice the chicken breasts into strips.*

5. Dans un wok, faire sauter les légumes séparément, l'un à la suite de l'autre, dans l'huile de pépin de raisin et réserver au chaud. / *In a wok, sauté the vegetables separately, one after the other, in grapeseed oil. Set aside and keep warm.*

6. Faire sauter le poulet avec le gingembre jusqu'à cuisson complète. / *Sauté the chicken with the ginger until completely cooked.*

7. Ajouter tous les légumes et déglacer avec la sauce soya. / *Add all the vegetables and deglaze with soya sauce.*

8. Assaisonner. / *Season.*

Astuce du Canard Huppé : Accompagnez vos plats favoris d'une version végétarienne de ce chow mein. / ***Tips from Le Canard Huppé:*** *Serve your favourite dishes with a vegetarian version of this chow mein recipe.*

Ferme des Anges

Anne Noël-Deschamps incarne l'ange de la ferme. Elle est née à Sainte-Pétronille, île d'Orléans. Elle a toujours possédé un grand potager, mais aujourd'hui, à Sainte-Famille, son potager mesure près de trois kilomètres de long! La Ferme des Anges est en activité depuis maintenant 7 ans et représente la deuxième carrière d'Anne. Ensemble, elle et son mari, Georges, cultivent fraises, framboises, concombres, tomates, pommes et citrouilles. Toutefois, la tomate vole la vedette puisqu'on en compte une douzaine de variétés. Anne bénéficie des conseils d'une guide. Celle-ci s'appelle Edouardine Turcotte-Deblois. La ferme lui appartenait autrefois. Madame Deblois et Anne sont deux complices devenues presque inséparables. Elles sont très fières de leurs tomates poires jaunes, une variété de tomates sucrées avec laquelle elles confectionnent une confiture qui accompagnera autant les viandes qu'un dessert. On peut voir ces deux amies au kiosque où elles discutent de recettes, de nouvelles variétés de légumes qu'elles songent à produire l'an prochain et, surtout, du bonheur qu'elles ressentent à exercer ce merveilleux métier.

Anne Noël-Deschamps is the farm's angel. She was born in Sainte-Pétronille, Île d'Orléans. She always had a large garden but her current one in Sainte-Famille is almost three kilometres long! Ferme des Anges is in its 7th year of operations and has become Anne's second career. Together with her husband Georges, they grow strawberries, raspberries, cucumbers, tomatoes, apples and pumpkins. But the tomatoes steal the show... there are a dozen varieties. Anne gets useful advice from a guide. Her name is Edouardine Turcotte-Deblois. The farm used to belong to her. The two women have become almost inseparable collaborators. They take great pride in their yellow pear tomatoes, a variety of sweet tomato they use to make jam that goes well with meat and desserts. The two friends can be spotted at the stand, discussing recipes, the new varieties of vegetables they wish to grow next year and, above all, the joy of having such a terrific job!

4586, chemin Royal
Sainte-Famille
418 829-0769

Carrés à la confiture de **tomates poires jaunes**, dits « Carrés des anges »

Yellow pear tomato jam squares ("Carrés des anges")

Pour 6 à 8 personnes / *Serves 6 to 8*

Confiture de tomates poires jaunes
Yellow pear tomato jam
Pour 2 tasses (500 ml) de confiture
Makes 2 cups (500 ml) jam

- 1 livre (454 g) de tomates poires jaunes
- *1 lb (454 g) yellow pear tomatoes*
- 2 tasses (450 g) de sucre
- *2 cups (450 g) sugar*
- Le jus d'un demi-citron
- *Juice of half a lemon*

1. Mettre les tomates poires et le sucre dans une marmite à feu doux. / *Put pear tomatoes and sugar in a large pot over low heat.*
2. Lorsque le sucre est fondu, ajouter le jus de citron et porter à ébullition. / *When sugar has melted, add lemon juice and bring to a boil.*
3. Maintenir l'ébullition de 25 à 30 minutes ou jusqu'à ce que le thermomètre atteigne 220 °F (105 °C). / *Continue boiling for 25-30 minutes or until the thermometer reaches 220 °F (105 °C).*
4. Retirer la confiture du feu. Réfrigérer. / *Remove jam from heat. Refrigerate.*

Pâte / *Paste*

- 1 tasse (225 g) de beurre
- *1 cup (225 g) butter*
- 1 tasse (200 g) de cassonade
- *1 cup (200 g) brown sugar*
- 1 1/2 tasse (170 g) de farine
- *1-1/2 cups (170 g) flour*
- 1/4 c. à thé de bicarbonate de soude
- *1/4 tsp baking soda*
- 1 pincée de sel
- *1 pinch of salt*
- 1 3/4 tasse (125 g) de gruau
- *1-3/4 cups (125 g) rolled oats*

1. Crémer le beurre et y incorporer la cassonade, la farine, le bicarbonate de soude, le sel et le gruau. / *Cream the butter and add brown sugar, flour, baking soda, salt and rolled oats.*
2. Déposer un peu plus de la moitié du mélange à pâte dans un plat carré préalablement beurré mesurant environ 8 pouces (20 cm). / *Butter an 8-inch (20 cm) square pan. Put a little more than half of the paste mixture in the pan.*
3. Étendre la confiture aux tomates poires jaunes et recouvrir du reste de la pâte. / *Spread the yellow pear tomato jam and cover with the rest of the paste.*
4. Cuire au four, à 350 °F (175 °C), jusqu'à ce que la préparation soit d'une belle couleur dorée (environ 30 minutes). / *Bake at 350 °F (175 °C) until golden (about 30 minutes).*
5. Laisser refroidir et couper en carrés. / *Let cool and cut into squares.*

Tomates poires jaunes
farcies d'un tartare de concombres

Yellow pear tomatoes stuffed with cucumber tartare

Anne Noël-Deschamps, Ferme des Anges
Philip Rae, Auberge Le Canard Huppé

Pour 4 à 6 personnes en amuse-bouche
Serves 4 to 6 as an hors d'oeuvre

24 tomates poires jaunes
24 yellow pear tomatoes
1 petit concombre du jardin
1 garden cucumber
1 petit piment d'Espelette
1 small Espelette pepper
1 échalote grise
1 grey shallot
1/2 gousse d'ail
1/2 clove garlic
1 branche d'aneth
1 sprig dill
1 c. à thé (5 g) de sel
1 tsp (5 g) salt
Sel et poivre du moulin
Salt and freshly-ground pepper

Marinade / *Marinade*

3 c. à soupe (45 ml) d'huile d'olive
3 tbsp (45 ml) olive oil
1 c. à soupe (15 ml) de vinaigre de cidre
1 tbsp (15 ml) cider vinegar

1. Couper le dessus des tomates et vider l'intérieur. / *Cut the tops of the tomatoes and empty the insides.*
2. Éplucher le concombre et le couper en brunoise. / *Peel the cucumber and dice into a brunoise (very finely diced and cut the same size).*
3. Hacher finement l'échalote, le piment, l'ail et l'aneth. *Finely chop shallot, pepper, garlic and dill.*

4. Mélanger le tout dans un bol avec le sel et laisser mariner 2 à 3 heures. / *Mix the ingredients in a bowl, add salt and marinate for 2-3 hours.*
5. Égoutter et ajouter l'huile d'olive et le vinaigre. / *Strain and add olive oil and vinegar.*
6. Vérifier l'assaisonnement. / *Check seasoning.*
7. Remplir les tomates de tartare et remettre les capuchons. *Fill the tomatoes with the tartare and put the tops back on.*

Astuce du Canard Huppé : Vous n'avez pas de tomates poires jaunes? Qu'à cela ne tienne... Multipliez la recette du tartare par trois et utilisez des tomates de jardin. / *Tips from Le Canard Huppé: No yellow pear tomatoes? No matter... triple the tartare recipe and use garden tomatoes.*

Minibrochettes
d'anguille à la lime

Eel mini-skewers with lime

Jos Paquet, Poissonnerie Jos Paquet
Philip Rae, Auberge Le Canard Huppé

Pour 4 personnes (12 minibrochettes de
4 pouces [10 cm]) / *Serves 4 (12 mini-skewers,
4 inches [10 cm] each)*

2/3 livre (300 g) d'anguille parée
(sans peau et sans arêtes)
2/3 lb (300 g) eel, skin and bones removed

Marinade / *Marinade*

1 tasse (250 ml) d'huile d'olive
1 cup (250 ml) olive oil
Le jus de 2 limes
Juice of 2 limes
1 gousse d'ail hachée
1 clove garlic, chopped
2 c. à soupe (30 g) de gingembre frais, râpé
2 tbsp (30 g) fresh ginger, grated
1 1/2 c. à soupe (25 ml) de pâte de piment rouge
1-1/2 tbsp (25 ml) chili paste
1 échalote verte finement hachée
1 green onion, finely chopped

Garniture à brochette / *Skewer ingredients*

12 petits champignons
12 small mushrooms
1 poivron vert
1 green pepper
1 poivron rouge
1 red pepper
1 poivron jaune
1 yellow pepper
1 petit oignon rouge
1 small red onion
1 petite courgette
1 small zucchini

1. Couper l'anguille en 24 morceaux. / *Cut the eel in 24 pieces.*
2. Mélanger tous les ingrédients de la marinade. / *Mix all the marinade ingredients.*
3. Mariner l'anguille 24 heures dans la moitié de la marinade (réserver l'autre moitié comme sauce d'accompagnement). *Marinate the eel for 24 hours in half the marinade (keep the remainder as a serving sauce).*
4. Laver les champignons et les conserver entiers. / *Wash the mushrooms and keep them whole.*
5. Couper les poivrons, oignon et courgette en morceaux de la même grosseur que ceux de l'anguille. / *Cut the peppers, onion and zucchini the same size as the eel.*
6. Blanchir les légumes à l'eau bouillante 1 minute. / *Blanch the vegetables in boiling water for 1 minute.*
7. Refroidir immédiatement à l'eau glacée. / *Cool immediately in iced water.*
8. Égoutter les morceaux d'anguille et composer les brochettes avec les légumes et l'anguille. / *Drain the pieces of eel and skewer the vegetables and eel.*
9. Déposer sur le gril chaud et cuire environ 1 minute. / *Place on the hot grill and cook for about 1 minute.*
10. Retourner les brochettes et cuire à nouveau 1 minute. *Turn over skewers and cook for 1 more minute.*
11. Déposer au four à 350 °F (175 °C) de 12 à 15 minutes. *Bake in a 350 °F (175 °C) oven for 12-15 minutes.*
12. Mettre les minibrochettes dans un plat de service accompagnées de l'autre moitié de la marinade. / *Place the mini-skewers on a plate and serve with the remainder of the marinade.*

La ferme d'OC

La ferme d'OC, c'est Jean-François Émond et sa passion pour l'élevage des oies et des canards. Ils grandissent d'abord dans la grange et sortent ensuite sur cette magnifique terre d'herbes grasses dont la vue spectaculaire sur le fleuve et la Côte-de-Beaupré est à couper le souffle. Vient ensuite la période du gavage. Matins et soirs, Jean-François exécute, dans le plus pur respect, cette délicate procédure avec du maïs entier. Résultat: un foie gras de grande qualité. Dans les cuisines de la ferme, les odeurs s'exhalent et font saliver. La tentation est trop forte, il faut goûter ces cuisses confites, magrets, abats, rillettes et pâtés. La dépendance nous guette. Heureusement, on retrouve les produits à la ferme, mais aussi au Marché du Vieux Port à Québec, au Marché Jean-Talon à Montréal et dans plusieurs épiceries fines et restaurants. Le regard de Jean-François Émond en dit long sur son amour pour sa ferme, ses oies, ses canards, sa cuisine et l'île d'Orléans. L'amour fait foi de tout!

La ferme d'OC… it's Jean-François Émond and his passion for breeding geese and ducks. They first grow in the barn and then come out to a magnificent grassy land with a breathtaking view of the river and Côte-de-Beaupré. Then comes the fattening period. Morning and night, Jean-François respectfully carries out this delicate procedure with whole grain corn. The result: foie gras of the highest quality. The mouth-watering aromas emanate from the farm's kitchens. The temptation is too great… the confit legs, duck breasts, giblets, rillettes and pâtés must be tasted. They are addictive. Fortunately, the products can be found on the farm but also at Marché du Vieux Port in Québec City, Marché Jean-Talon in Montréal and in many specialty food shops and restaurants. The look in Jean-François Émond's eyes says it all… the love for his farm, his geese, his ducks, his cooking and île d'Orléans. Food for the soul!

4495, chemin Royal
Sainte-Famille
418 829-2646
lafermedoc.com

Aiguillettes de **canard** au miel de **mûres**
Tender slices of duck breast with blackberry honey

Pour 4 personnes / *Serves 4*

2 magrets de canard (1 5/8 lb ou 750 g)
2 duck breasts (1-5/8 lb or 750 g)

Miel de mûres / *Blackberry honey*

1 1/2 tasse (185 g) de mûres
1-1/2 cups (185 g) blackberries

1 c. à thé (5 ml) d'huile d'olive
1 tsp (5 ml) olive oil

4 c. à soupe (60 ml) de miel liquide
4 tbsp (60 ml) liquid honey

4 c. à soupe (60 ml) de vinaigre de framboises (p. 72)
4 tbsp (60 ml) raspberry vinegar (p. 72)

10 feuilles de menthe ciselées
10 mint leaves, finely chopped

1/2 échalote grise
1/2 grey shallot

1. Dans une poêle, faire suer l'échalote grise puis ajouter les mûres. / *Sweat the grey shallot in a pan and add blackberries.*
2. Déglacer au vinaigre de framboises et ajouter le miel. / *Deglaze with raspberry vinegar and add honey.*
3. Cuire quelques minutes. / *Cook for a few minutes.*
4. Hors du feu, ajouter la menthe et réserver. / *Remove from heat and add mint. Set aside.*
5. Pratiquer de légères incisions sur le dessus du gras des magrets en prenant soin de ne pas couper la viande (étape importante pour une meilleure cuisson). / *Make small incisions in the skin of the duck breasts, taking care not to cut the meat (an important step for better cooking).*
6. Dans une poêle, bien saisir sur le côté de la peau (la peau suffit comme corps gras). / *In a pan, sear well on the skin side (the skin is sufficient as fat).*

7. Les retourner pour les saisir du côté chair. / *Turn over to sear the fleshy side.*

8. Les retourner à nouveau et les placer au four à 350 °F (175 °C) environ 8 minutes pour une cuisson saignante. / *Turn over once more and bake at 350 °F (175 °C). Allow about 8 minutes of cooking time for rare.*

9. Laisser reposer 5 minutes avant de les trancher. / *Allow to rest 5 minutes before slicing.*

10. Détailler les magrets en aiguillettes (fines tranches), en prenant soin de couper la viande dans le sens des fibres pour une texture plus tendre. / *Cut the duck breasts into thin slices, cutting the meat with the grain for a more tender texture.*

11. Placer dans les assiettes de service chaudes, napper de miel de mûres et servir avec des pommes de terre Gabrielle ou rattes (voir la recette). / *Place on warm plates, top with blackberry honey and serve with Gabrielle or ratte potatoes (see recipe).*

Pommes de terre Gabrielle ou rattes
Gabrielle or ratte potatoes

1/2 livre (225 g) de pommes de terre
1/2 lb (225 g) potatoes
1/8 livre (55 g) de lardons
1/8 lb (55 g) lardons (bacon cubes)
1/4 tasse (50 g) d'oignon rouge
1/4 cup (50 g) red onion

1. Cuire les pommes de terre environ 10 minutes à l'eau bouillante salée. / *Cook potatoes for about 10 minutes in boiling salted water.*

2. Égoutter et couper en quartiers. / *Drain and cut into quarters.*

3. Dans une poêle très chaude, déposer les lardons et les cuire en remuant jusqu'à ce qu'ils soient croustillants. / *In a very hot pan, add lardons and cook while stirring, until they are crisp.*

4. Ajouter l'oignon rouge puis les pommes de terre, et cuire quelques minutes. / *Add the red onion, then the potatoes and cook for a few minutes.*

Vinaigre de framboises rapide
Quick raspberry vinegar

4 tasses (1 l) de vinaigre de vin rouge
4 cups (1 L) red wine vinegar
4 tasses (500 g) de framboises fraîches ou surgelées
4 cups (500 g) fresh or frozen raspberries
1/2 tasse (110 g) de sucre
1/2 cup (110 g) sugar

1. Dans une casserole, chauffer le vinaigre, ajouter les framboises et le sucre. / *Heat the vinegar in a saucepan and add raspberries and sugar.*

2. Laisser frémir environ 30 minutes. / *Simmer for about 30 minutes.*

3. Refroidir à la température de la pièce et passer au «coton fromage». / *Cool to room temperature and strain through a cheesecloth.*

4. Réfrigérer. / *Refrigerate.*

Faites de même avec tous vos petits fruits favoris! / *Do the same with any of your favourite berries!*

Médaillons de **bison**, **carottes marron** confites et velouté de foie gras

Philip Rae, Auberge Le Canard Huppé

Pour 4 personnes / *Serves 4*

4 filets de bison de 1/3 livre chacun (150 g chacun)
4 bison fillets, 1/3 lb each (150 g each)
20 haricots verts étuvés
20 green beans, steamed
4 tranches de bacon
4 slices of bacon

Carottes marron confites
Confit of maroon carrots

4 carottes marron coupées en bâtonnets
4 maroon carrots, cut into sticks
1 tasse (250 ml) de gras de canard
1 cup (250 ml) duck fat
Sel et poivre
Salt and pepper

1. Dans un poêlon, faire fondre le gras de canard. / *Melt the duck fat in a saucepan.*
2. Déposer les bâtonnets de carottes. / *Add the carrot sticks.*
3. Cuire environ 10 minutes à feu doux. / *Cook over low heat for about 10 minutes.*
4. Assaisonner et réserver au chaud. / *Season. Set aside and keep warm.*

Sauce / *Sauce*

1 échalote grise hachée
1 grey shallot, chopped
1/2 gousse d'ail hachée
1/2 clove garlic, chopped
3/8 tasse (95 ml) de vin de cassis madérisé ou de vin rouge ou de Porto
3/8 cup (95 ml) maderized black currant wine or red wine or Port
1 tasse (250 ml) de fond de gibier
1 cup (250 ml) game stock
1/8 livre (55 g) de foie gras
1/8 lb (55 g) foie gras
1/2 tasse (125 ml) de crème
1/2 cup (125 ml) cream

Bison medallions, confit of maroon carrots and foie gras velouté

1. Dans un poêlon allant au four, saisir les médaillons entourés d'une tranche de bacon, 1 minute de chaque côté et déposer au four à 350 °F (175 °C) 4 à 5 minutes pour une cuisson saignante. / *In an ovenproof saucepan, sear the medallions with a slice of bacon around each one, for 1 minute per side and bake at 350 °F (175 °C). Allow 4-5 minutes of cooking time for rare.*
2. Retirer ensuite les médaillons du poêlon et les réserver au chaud. / *Then remove the medallions from the saucepan and keep warm.*
3. Dans le même poêlon, déposer l'échalote, l'ail et le vin. / *In the same saucepan, add shallot, garlic and wine.*
4. Laisser réduire de moitié. / *Reduce by half.*
5. Ajouter le fond de gibier et réduire à nouveau de moitié. *Add game stock and reduce by half once more.*
6. Déposer dans le mélangeur la sauce réduite, le foie gras et la crème. / *Put the sauce reduction, foie gras and cream in a blender.*
7. Broyer et passer au tamis. / *Grind, then strain.*
8. Remettre dans le poêlon et conserver pour la finition. *Return to saucepan and set aside for finishing.*
9. Dans des assiettes de service, superposer les carottes et les haricots, y déposer le bison et napper de sauce. / *On serving plates, overlap the carrots, then the green beans. Add the bison and top with sauce.*

Astuce du Canard Huppé : Lavez les carottes marron et cuisez-les avec la pelure afin de conserver leur couleur / ***Tips from Le Canard Huppé:*** *Pre-wash the maroon carrots and cook them with their skins on - they will keep their colour.*

Septembre
Octobre

September
October

En primeur...
Featuring...

La pomme / *Apples*
Le cidre / *Cider*
La dinde / *Turkey*
La fraise d'automne / *Fall strawberries*
La cerise de terre / *Ground cherries*
Le maïs / *Sweet corn*
Le panais / *Parsnips*
La framboise d'automne / *Fall raspberries*
Le poireau / *Leeks*
Le radicchio / *Radicchio*
Le pâtisson / *Pattypan squash*
La pomme de terre Gabrielle / *Gabrielle potatoes*
La patate douce / *Sweet potatoes*
La prune / *Plums*
L'argousier / *Sea buckthorn berries*
L'oignon / *Onions*
L'endive / *Endives*
Le chou de Bruxelles / *Brussels sprouts*
Le poulet / *Chicken*
Le vin / *Wine*
La citrouille / *Pumpkin*
Le céleri-rave / *Celeriac*
Le saumon fumé à froid / *Cold smoked salmon*

285, chemin Royal
Saint-Pierre
418 828-9071
domaineorleans.com

Domaine Orléans

Il y a tant à faire au Domaine Orléans : d'abord, admirer une vue exceptionnelle sur le fleuve Saint-Laurent et le pont de l'île; ensuite, déguster les liqueurs et les cidres de pommes accompagnés de la fameuse truite marinée ou fumée. Puis, on peut croquer à pleines dents dans les pommes du verger, ou – pêcher – hiver comme été – la truite mouchetée ou arc-en-ciel. Quatre saisons de bonheur! Ce magnifique domaine constitue la création originale de Jacques et Monique Paradis. Ces entrepreneurs ont plus d'une corde à leur arc : pomiculteurs, producteurs de cidre, et aussi pisciculteurs. Nos deux complices unis depuis 41 ans continuent d'innover. En 2005, Sève d'automne, un apéritif à base de cidre, mandarine et sirop d'érable, a gagné la Coupe d'or remise au Festival de la gastronomie de Québec. Mais leur joyau demeure le cidre de glace L'Igloo : un délice! Bref, rendez-vous au Domaine Orléans et laissez-vous donc « chanter la pomme ».

There is so much to do at Domaine Orléans: admiring the exceptional view of the St. Lawrence River and the Île d'Orléans bridge, savouring the liqueurs and apple ciders accompanied by the famous marinated or smoked trout, biting into the orchard's fresh apples, and fishing – winter and summer alike - for brook or rainbow trout. Four seasons of fun! This magnificent estate is the original creation of Jacques and Monique Paradis. These entrepreneurs wear many hats: apple growers, cider producers and also fish farmers. These two partners have been together for 41 years and continue to show innovation. In 2005, Sève d'automne, an aperitif with cider, mandarin and maple syrup was awarded the Coupe d'or at the Gastronomy Festival of Québec City. But their crowning glory is the delightful ice cider L'Igloo! A visit to Domaine Orléans is a must… it will be the apple of your eye!

Tarte aux pommes et caramel à l'érable
Maple caramel apple pie

Pour une tarte de 9 pouces (23 cm)
Makes one 9-inch (23 cm) pie

Tarte / *Pie*

2 à 3 pommes
2-3 apples
1 c. à soupe (15 ml) de jus de citron
1 tbsp (15 ml) lemon juice
1 abaisse de pâte légèrement cuite
(9 pouces ou 23 cm)
1 pie shell, slightly baked
(9 inches or 23 cm)

Caramel à l'érable
Maple caramel

1/3 tasse (75 g) de beurre
1/3 cup (75 g) butter
2/3 tasse (80 g) de farine
2/3 cup (80 g) flour
2 c. à soupe (50 g) de sucre d'érable
2 tbsp (50 g) maple sugar
1 tasse (250 ml) de sirop d'érable
1 cup (250 ml) maple syrup
1/2 tasse (125 ml) de jus de pomme
1/2 cup (125 ml) apple juice
3/8 tasse (95 ml) de crème 35 %
3/8 cup (95 ml) 35% cream

1. Peler les pommes, les trancher très minces et les arroser de jus de citron. / *Peel the apples, slice them very thinly and pour lemon juice over them.*
2. Déposer dans l'abaisse. / *Place in pie shell.*
3. Cuire au four à 350 °F (175 °C) environ 10 minutes. / *Bake at 350 °F (175 °C) for about 10 minutes.*
4. Pendant ce temps, dans une casserole, à feu doux, faire fondre le beurre et ajouter la farine. / *In the meantime, over low heat, melt butter in a saucepan and add flour.*
5. Cuire environ 1 minute. / *Cook for about 1 minute.*
6. Ajouter le sucre d'érable, le sirop d'érable, le jus de pomme et la moitié de la crème. / *Add maple sugar, maple syrup, apple juice and half the cream.*
7. Cuire en fouettant constamment jusqu'à épaississement. *Whisk continuously and cook until thick.*
8. Verser 1 tasse (250 ml) de caramel sur les pommes et laisser refroidir avec un papier ciré sur le dessus. / *Pour 1 cup (250 ml) of the caramel sauce on the apples. Cover with wax paper and let cool.*
9. Ajouter au caramel restant, l'autre moitié de la crème et bien mélanger. / *Add to the remainder of the caramel sauce the other half of the cream. Mix well.*
10. Accompagner la tarte de ce mélange. / *Server the pie with this sauce.*

Astuce du Canard Huppé : Remplacez, si nécessaire, le sucre d'érable par de la cassonade. / ***Tips from Le Canard Huppé:*** *If necessary, substitute maple sugar with brown sugar.*

Auberge
Le Canard Huppé

Douillet, reposant, chaleureux, confortable et intime : voilà autant de qualificatifs qui résument ce que nous ressentons lorsque nous séjournons chez Philip Rae et Maggie Lachance. C'est la passion qui a amené nos deux aubergistes à choisir ce métier. La passion de la table, bien sûr, Philip continue de la nourrir en collaboration avec les producteurs de l'île d'Orléans. Son amour pour les produits de l'île est inconditionnel. Il tient à ce que ses invités découvrent et dégustent la grande variété de fruits, légumes, viandes et vins que l'on retrouve à l'île d'Orléans. Philip et Maggie habitent l'auberge. C'est donc dans une ambiance presque familiale, imprégnée d'éclats de rire, que nos hôtes nous accueillent, avec le désir de satisfaire pleinement leurs invités. Ce livre de recettes, Philip le connaît par cœur. Il en a testé toutes les recettes et a même ajouté son grain de sel au moyen des « Astuces du Canard Huppé ». Merci, Philip, pour ta grande générosité !

Cozy, relaxing, comfortable, warm and inviting: these qualities sum up nicely the ambiance at Philip Rae and Maggie Lachance's inn. Passion is what led these two innkeepers to this line of work. Philip continues to fuel his passion for fine cuisine by collaborating with the farmers of Île d'Orléans. His love for the island's products is unconditional. He is set on having his guests discover and savour the great variety of fruits, vegetables, meats and wines found on Île d'Orléans. Philip and Maggie live at the inn. It is in a cheerful and family-like setting that these two hosts welcome their guests, with the desire to provide 100% satisfaction. Philip knows this recipe book by heart. He tested all the recipes and even put in his two cents through the "Tips from Le Canard Huppé". Philip, thank you for your wonderful generosity!

2198, chemin Royal • Saint-Laurent
418 828-2292 ou 800 838-2292 • canardhuppe.com

Tartare de truite marinée et saumon fumé, aux pommes et cheddar

Tartare of marinated trout and smoked salmon, with apples and cheddar

Entrée pour 4 personnes / *Makes 4 appetizer servings*

1/4 livre (115 g) de truite marinée coupée en petits dés
(voir Astuce du Canard Huppé)
1/4 lb (115 g) marinated trout, finely diced (see Tips from Le Canard Huppé)

1/4 livre (115 g) de saumon fumé coupé en petits dés
1/4 lb (115 g) smoked salmon, finely diced

1 c. à soupe (15 ml) de faisselle (voir Astuce du
Canard Huppé)
1 tbsp (15 ml) faisselle (see Tips from Le Canard Huppé)

1 c. à soupe (12 g) d'oignon rouge haché
1 tbsp (12 g) red onion, chopped

1 c. à soupe (10 g) de câpres
1 tbsp (10 g) capers

1/2 gousse d'ail
1/2 clove garlic

Zeste et jus d'une demi-lime
Half a lime, zest and juice

1 c. à soupe (10 g) de pommes coupées en brunoise
1 tbsp (10 g) apples, diced brunoise (finely diced and cut the same size)

2 c. à soupe (20 g) de fromage cheddar moyen ou fort
coupé en brunoise
2 tbsp (20 g) medium or old cheddar, diced brunoise

2 c. à soupe (30 ml) d'huile d'olive
2 tbsp (30 ml) olive oil

Quelques gouttes de Tabasco
Dash of Tabasco

1. Mélanger tous les ingrédients. / *Mix all the ingredients.*
2. Déposer le mélange dans des coupes, accompagné d'un croûton. / *Put the mixture in small bowls. Serve with a slice of toasted bread.*

Astuce du Canard Huppé : Le Domaine Orléans offre une excellente truite marinée. Si toutefois vous en manquez, faites-la vous-même en laissant mariner une trentaine de minutes de la truite fraîche coupée en dés dans 2 c. à soupe (30 ml) de vinaigre de cidre et une pincée de sel. Aussi, la faisselle (produit par les Fromages de l'isle d'Orléans) peut être remplacée par du yogourt nature. / ***Tips from Le Canard Huppé:*** *Domaine Orléans has excellent marinated trout. But if you can't get it there, make it yourself by marinating fresh, diced trout for about 30 minutes in 2 tbsp (30 ml) cider vinegar and a pinch of salt. Also, you can substitute faisselle (cheese from Les Fromages de l'isle d'Orléans) with plain yogurt.*

Poitrines de dinde farcies aux pommes

François & Luc Turcotte, Ferme avicole Orléans
Philip Rae, Auberge Le Canard Huppé

Pour 4 personnes / *Serves 4*

2 poitrines de dinde (1 1/3 livre ou 600 g)
2 turkey breasts (1-1/3 lbs or 600 g)

Farce / *Stuffing*

Les 2 filets provenant des poitrines, hachés
The fillet parts of the 2 breasts, chopped
1 1/2 tasse (100 g) de champignons émincés et blanchis
1-1/2 cups (100 g) mushrooms, thinly sliced and blanched
1/4 tasse (50 g) d'oignon rouge émincé et blanchi
1/4 tasse (50 g) red onion, thinly sliced and blanched
1/2 tasse (50 g) de pommes coupées en petits dés
1/2 cup (50 g) apple, finely diced
1/3 tasse (50 g) de raisins secs
1/3 cup (50 g) raisins
1 œuf
1 egg
3 c. à soupe (45 ml) de crème
3 tbsp (45 ml) cream

Sauce / *Sauce*

3 c. à soupe (45 ml) d'huile d'olive
3 tbsp (45 ml) olive oil
1 1/2 tasse (100 g) de champignons émincés
1-1/2 cups (100 g) mushrooms, thinly sliced
1 échalote grise ciselée
1 grey shallot, finely chopped
1 gousse d'ail hachée
1 clove garlic, chopped
1/2 tasse (50 g) de pommes coupées en petits dés
1/2 cup (50 g) apple, finely diced
3/8 tasse (95 ml) de vin rouge
3/8 cup (95 ml) red wine
3/8 tasse (95 ml) de fond de veau
3/8 cup (95 ml) veal stock
5/8 tasse (160 ml) de crème
5/8 cup (160 ml) cream

Turkey breasts stuffed with apples

1. Dans un bol, mélanger tous les ingrédients de la farce. *Mix all stuffing ingredients in a bowl.*
2. Couper en forme de papillon les poitrines de dinde et les aplatir un peu entre deux feuilles de pellicule de plastique. *Butterfly the turkey breasts and flatten them slightly between two sheets of plastic wrap.*
3. Séparer la farce en deux et déposer les mélanges sur les poitrines. / *Divide the stuffing into two parts and put the mixture on each breast.*
4. Déposer chaque poitrine dans du papier d'aluminium et enrouler à l'aide du papier d'aluminium en formant une papillote. / *Place each breast on aluminium paper and use it to roll the breast, shaping into a pouch.*
5. Cuire au four à 350 °F (175 °C) environ 30 minutes. / *Bake at 350 °F (175 °C) for about 30 minutes.*
6. Dans une petite casserole, chauffer l'huile d'olive et faire suer les champignons. / *Heat the olive oil in a small saucepan and sweat the mushrooms.*
7. Ajouter l'échalote, l'ail et les pommes. / *Add shallot, garlic and apples.*
8. Verser le vin rouge et laisser réduire de moitié. / *Add red wine and reduce by half.*
9. Ajouter le fond de veau et laisser réduire à nouveau de moitié. / *Add the veal stock and reduce by half once more.*
10. Verser la crème et cuire jusqu'à consistance crémeuse. *Add cream and cook until creamy consistency.*
11. Couper les poitrines farcies en rondelles et servir avec la sauce. *Slice stuffed breasts into rounds and serve with sauce.*

Maude & Myriam Turcotte

L'île d'Orléans est réputée pour ses fraises. Louis Gosselin et son épouse, Sylvie, participent activement à cette renommée en se spécialisant dans la culture des fraises sous bâche, des fraises d'été et des fameuses fraises d'automne, également appelées « fraises à jour neutre ». Louis Gosselin agit aussi à titre de président de l'Association des producteurs de fraises et framboises du Québec. Les intérêts des producteurs, la recherche et le développement ainsi que la promotion de ces petits fruits, voilà autant de causes qui lui tiennent à cœur.

La Ferme François Gosselin est une affaire de famille. On retrouve trois générations de Gosselin dans les champs : le grand-père, François, le fils, Louis, et le petit-fils, Gabriel. De la mi-juin à la mi-octobre, on peut se procurer leurs fraises dans les supermarchés, les fruiteries et les marchés publics. Sans oublier les fruits… de l'érable. Louis et Gabriel, dès les premiers signes du printemps, font la tournée de l'érablière pour entailler les arbres. Pour déguster leurs produits d'érable, rien de plus simple : rendez-vous au Marché du Vieux-Port situé à Québec!

Ferme François Gosselin

3019, chemin Royal
Saint-Laurent
418 828-2866
acomba.net/fermegosselin

Île d'Orléans is renowned for its strawberries. Louis Gosselin and his spouse, Sylvie, have a lot to do with this fine reputation… their specialty is growing strawberries under cover, summer strawberries and the famous fall strawberries, also known as "day neutrals". In addition, Louis Gosselin is president of the Quebec Strawberry and Raspberry Producer Association. Farmers' interests, research and development, and the promotion of these berries are all issues near and dear to his heart.

Ferme François Gosselin is a family affair. There are three generations of Gosselins in the fields: grandfather François, son Louis, and grandson Gabriel. From mid-June to mid-October, their strawberries can be found in supermarkets, fresh markets and public markets. Let's not forget their maple products! At the first sign of spring, Louis and Gabriel tap the trees of their maple grove. It's easy to savour their maple products… all it takes is a visit to Marché du Vieux Port in Québec City!

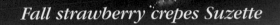

Fall strawberry crepes Suzette

Crêpes Suzette aux fraises d'automne

Pour 4 personnes / *Serves 4*

Pâte pour 8 petites crêpes
Batter for 8 small crepes

> 1 tasse (115 g) de farine
> *1 cup (115 g) flour*
> 1 pincée de sel
> *1 pinch of salt*
> 1 c. à soupe (15 g) de sucre
> *1 tbsp (15 g) sugar*
> 3 œufs
> *3 eggs*
> 1 3/4 tasse (440 ml) de lait
> *1-3/4 cups (440 ml) milk*

1. Dans un bol, déposer la farine, le sel et le sucre en formant une fontaine. / *In a bowl, make a well with the flour, salt and sugar.*
2. Casser 3 œufs au milieu et les incorporer à la farine en remuant avec une cuillère en bois. / *Break 3 eggs into the well and combine them with the flour by using a wooden spoon.*
3. Verser le lait peu à peu, en délayant progressivement de manière à éviter les grumeaux. / *Add the milk gradually to avoid lumps.*
4. Laisser reposer. / *Set aside.*

Garniture aux fraises / *Strawberry garnish*

> 4 c. à soupe (60 g) de beurre
> *4 tbsp (60 g) butter*
> 1/2 tasse (110 g) de sucre
> *1/2 cup (110 g) sugar*
> Le zeste et le jus d'une orange
> *1 orange, zest and juice*
> Le zeste et le jus d'un citron
> *1 lemon, zest and juice*
> 2 tasses (250 g) de fraises coupées en quartiers
> *2 cups (250 g) strawberries, cut into quarters*
> 1 1/2 once (50 ml) de Grand Marnier
> *1-1/2 oz (50 ml) Grand Marnier*

1. Dans une poêle, faire fondre un peu de beurre et cuire les crêpes à feu doux. Les plier en quatre. Réserver sur un papier ciré. / *In a pan, melt some butter over low heat and cook the crepes. Fold into four. Set aside on wax paper.*
2. Dans une poêle, faire fondre du beurre à feu moyen. / *In a pan, melt some butter over medium heat.*
3. Ajouter le sucre et laisser caraméliser un peu. / *Add sugar and cook until slightly caramelized.*
4. Déglacer avec les jus des agrumes. / *Deglaze with lemon and orange juices.*

5. Ajouter les zestes. / *Add the zests.*
6. Laisser cuire environ 2 minutes. / *Cook for about 2 minutes.*
7. Ajouter les fraises et cuire environ 3 à 4 minutes. / *Add the strawberries and cook for about 3-4 minutes.*
8. Retirer les fraises. / *Remove the strawberries.*
9. Déposer vos crêpes pliées dans la poêle. / *Place folded crepes in the pan.*
10. Laisser cuire 1 minute, puis les retourner. / *Cook for 1 minute, then turn them over.*
11. Ajouter les fraises et laisser cuire encore 1 minute. / *Add the strawberries and cook for 1 minute more.*
12. Verser le Grand Marnier juste avant de servir. / *Pour the Grand Marnier just before serving.*
13. Dans les assiettes, déposer les crêpes et garnir avec les fraises et le sirop de cuisson. / *Place crepes on plates and garnish with the strawberries and cooking syrup.*

Astuce du Canard Huppé : Parfumez la pâte au goût avec du sucre vanillé, de la cannelle, de l'eau de fleur d'oranger ou un petit verre d'alcool au choix (liqueur d'orange ou de mandarine, rhum, alcool de poire, cognac). / ***Tips from Le Canard Huppé:*** *According to taste, add flavour to the batter with vanilla sugar, cinnamon, orange floral water or your choice of alcohol (small glass of orange or mandarin liqueur, rum, pear brandy, cognac).*

La cueillette des fraises d'automne à la Ferme François Gosselin
Picking fall strawberries at Ferme François Gosselin

Notes

_____

_____

_____

_____

_____

Il faudrait écrire un livre entier sur eux : Roch et Danielle Hébert se révèlent si authentiques, si généreux... Ces deux êtres se complètent parfaitement. Roch, on l'aperçoit la plupart du temps dans les champs. Volubile, il a toujours une histoire à raconter. Danielle, plus réservée, partage son temps entre ses clients et sa cuisine. Heureusement, ils peuvent compter sur leurs deux filles, Kathleen et Julie, qui travaillent avec eux. Leur saison commence en février dans leurs serres puisqu'ils cultivent tout d'abord des fleurs annuelles et des plants de légumes. Vers la mi-juin, c'est le début des récoltes maraîchères. Plus d'une vingtaine de variétés de fruits et légumes poussent dans leurs champs. En plus de vous les offrir fraîchement cueillis, ils confectionnent des gelées, des confitures et du ketchup. Ils partagent avec nous deux recettes : la gelée de gadelles, groseilles et cerises que vous retrouverez en page 53 et à la page suivante, le filet de porc aux cerises de terre.

Roch and Danielle Hébert are so genuine, so generous... a whole book could be written about them. These two are perfect for each other. Roch can be found in the fields most of the time. He is talkative and always has a story to tell. Danielle is more reserved and splits her time between her customers and her kitchen. They are blessed with two daughters, Kathleen and Julie, who work with them. Their season begins in February because they first grow annual flowers and vegetable transplants in their greenhouses. The harvests begin in mid-June. There are over twenty varieties of fruits and vegetables that grow in their fields. In addition to offering fresh-picked produce, they make jellies, jams and ketchup. They share two of their recipes with us: Currant, gooseberry and cherry jelly that can be found on page 53 and on the following page, Pork tenderloin with ground cherries.

Les Serres Roch Hébert

4241, chemin Royal
Sainte-Famille
418 829-3423
serresrochhebert@videotron.ca
(Présent au Marché du Vieux Port)
(Present at Marché du Vieux Port)

Filet de porc à la
cerise de terre
Pork tenderloin with ground cherries

Pour 4 personnes / *Serves 4*

2 filets de porc
2 pork tenderloins
1 petit oignon rouge
1 small red onion
3 c. à soupe (45 ml) d'huile
3 tbsp (45 ml) oil
1/2 tasse (125 ml) de confiture de cerises
de terre (voir recette)
1/2 cup (125 ml) ground cherry jam (see recipe)
3 c. soupe (45 ml) de vinaigre de vin blanc
3 tbsp (45 ml) white wine vinegar
1/2 tasse (125 ml) de porto blanc
1/2 cup (125 ml) white port
1/4 tasse (65 ml) de bouillon de poulet
1/4 cup (65 ml) chicken stock
1/4 tasse (65 ml) de crème 35 %
1/4 cup (65 ml) 35% cream
Sel et poivre
Salt and pepper

1. Dans un poêlon, faire chauffer l'huile, saisir les filets de porc de chaque côté, puis retirer et déposer au four à 350 °F (175 °C) environ 8 minutes et réserver. / *Heat the oil in a saucepan and quickly sear the pork tenderloins on each side. Remove and bake at 350 °F (175 °C) for about 8 minutes. Set aside.*

2. Dans le même poêlon, faire revenir l'oignon. Déglacer au vinaigre de vin blanc. Ajouter le porto blanc, la confiture de cerises de terre, sel et poivre. Verser le bouillon de poulet et amener à ébullition. Ajouter la crème, laisser mijoter 5 minutes et réserver au chaud. / *Brown the onions in the same saucepan. Deglaze with white wine vinegar. Add white port, ground cherry jam, salt and pepper. Pour in the chicken stock and bring to a boil. Add the cream and simmer for 5 minutes. Set aside and keep warm.*

3. Trancher en biseau les filets que vous déposerez sur vos légumes préférés. Ajouter la sauce autour de la viande, déposer 1 c. à soupe de confiture sur la viande et servir. / *Cut the tenderloins on a slant and arrange the slices on your favourite vegetables. Pour the sauce around the meat, put 1 tbsp of jam on the meat and serve.*

Confiture de cerises de terre
Ground cherry jam

Pour 3 tasses (750 ml) de confiture

Makes 3 cups (750 ml) jam

6 tasses (1 kg) de cerises de terre
6 cups (1 kg) ground cherries
4 tasses (900 g) de sucre
4 cups (900 g) sugar
1 c. à soupe (15 ml) de jus de citron
1 tbsp (15 ml) lemon juice

Débarrasser les cerises de leur enveloppe. Amener à ébullition le sucre, les cerises et le jus de citron. Laisser le sirop bouillir jusqu'à ce que le thermomètre marque 221 °F (107 °C). / *Remove husks from ground cherries. Bring sugar, ground cherries and lemon juice to a boil. Let the syrup boil until the thermometer reaches 221 °F (107 °C).*

Astuce du Canard Huppé : Remplacez le porto blanc par un cidre de glace, un vin de glace ou tout autre vin liquoreux. Notez que cette sauce accompagnera gibier, volaille et veau. ***Tips from Le Canard Huppé:*** *Substitute white port with ice cider, ice wine or other sweet white wine. This sauce goes well with game, poultry and veal.*

Pâté chinois à l'agneau et panais
Shepherd's pie with lamb and parsnips

Éric Lachance & Karine Bélanger, Bergerie Saute-Mouton

Pour 4 personnes / *Serves 4*

1 livre (454 g) d'agneau haché
1 lb (454 g) ground lamb
1 oignon émincé
1 onion, thinly sliced
6 épis de maïs sucré
6 ears of sweet corn
1 livre (454 g) de panais
1 lb (454 g) parsnips
1/4 tasse (65 ml) de crème
1/4 cup (65 ml) cream
3 c. à soupe (45 g) de beurre
3 tbsp (45 g) butter
Sel et poivre
Salt and pepper

1. Faire revenir l'oignon dans un poêlon. / *Brown the onions in a saucepan.*
2. Ajouter l'agneau, assaisonner, cuire jusqu'à ce qu'il soit rosé et réserver. / *Add the lamb. Season and cook until medium. Set aside.*
3. Faire bouillir les épis de maïs 5 minutes et les faire refroidir immédiatement à l'eau froide. / *Boil the corn for 5 minutes and cool immediately in cold water.*
4. Les sécher et les égrainer. / *Dry the cobs and remove kernels.*
5. Faire bouillir le panais dans de l'eau salée jusqu'à ce qu'il soit très tendre. / *Boil the parsnips in salted water until very tender.*
6. Retirer du feu et bien égoutter. / *Remove from heat and drain well.*
7. Ajouter la crème, le beurre, le sel et le poivre, et mettre en purée. / *Add cream, butter, salt and pepper. Purée.*
8. Dans un plat carré (8 pouces / 20 cm), déposer d'abord l'agneau, ajouter le maïs et couvrir avec la purée de panais. Ajouter quelques noix de beurre sur le dessus et mettre au four 25 minutes à 350 °F (175 °C). / *In a square pan (8"/ 20 cm), add the lamb, then the corn and cover with the parsnip purée. Dot with knobs of butter and bake for 25 minutes at 350 °F (175 °C).*

Astuce du Canard Huppé : Le panais se cuit comme la carotte. Mélangez-le à votre purée de pommes de terre ou sautez-le avec un beurre noisette et du sirop d'érable. N'hésitez pas à l'ajouter à votre bœuf aux légumes. / ***Tips from Le Canard Huppé:*** *Parsnips are cooked like carrots. Mix them with your mashed potatoes or sauté them with brown butter and maple syrup. Don't hesitate to add them to your beef and vegetables dish.*

Jean-Pierre & Jean-Julien Plante, Ferme Jean-Pierre Plante & Fils

2389, chemin Royal
Saint-Laurent
418 828-9211

Ferme
Jean-Pierre Plante & Fils

Ah! Les framboises… On les attend chaque année avec impatience, début juillet. Quel privilège nous avons maintenant, avec la venue des framboises d'automne, de pouvoir les savourer jusqu'en octobre! Quel plaisir de les déguster chez Jean-Pierre Plante et son fils, Jean-Julien! Quelle joie de les cueillir sur leurs majestueuses terres situées à Saint-Laurent, lesquelles offrent une vue à couper le souffle! Le tout agrémenté d'une rencontre avec ces deux fort sympathiques producteurs… C'est tout cela, la Ferme Jean-Pierre Plante & Fils, et bien plus encore… Non seulement cultivent-ils les framboises et les fraises d'été et d'automne, mais ils s'adonnent aussi à la culture du maïs et, bien sûr, nous offrent d'excellents produits de l'érable. Des produits de qualité, des gens simples et authentiques, n'est-ce pas cela, le bonheur? L'épouse de Jean-Pierre, Dolorèse, nous tente avec sa tarte aux framboises d'automne qu'elle surnomme « La tarte facile aux framboises d'automne ». En deux temps, trois mouvements, cette tarte vous renversera!

Ah! Raspberries… we wait for them impatiently each year, at the beginning of July. With fall raspberries, we now have the privilege of enjoying them until October! What joy it is to savour them on the farm Jean-Pierre Plante owns with his son, Jean-Julien! It's such a pleasure to pick them on Saint-Laurent's majestic land, which offers a truly breathtaking view! Top it all off by meeting these two very nice farmers… Ferme Jean-Pierre Plante & Fils is all that, and much more! Not only do they cultivate summer and fall raspberries and strawberries, they also grow corn and offer excellent maple products, of course. Quality products and genuine people… that's happiness, isn't it? Dolorèse, Jean-Pierre's spouse, offers us her tantalizing recipe for Easy fall raspberry pie. It's easy as pie to prepare and will have you salivating in no time!

Tarte facile aux framboises d'automne

Easy fall raspberry pie

Pour une tarte de 9 pouces (23 cm)
Makes one 9-inch (23 cm) pie

1 abaisse à tarte
1 pie shell
3/4 tasse (170 g) de sucre
3/4 cup (170 g) sugar
1/4 tasse (30 g) de farine
1/4 cup (30 g) flour
1 pincée de sel
1 pinch of salt
2 tasses (250 g) de framboises d'automne
2 cups (250 g) fall raspberries

1. Dans un bol, mélanger le sucre, la farine, le sel et les framboises. / *In a bowl, mix sugar, flour, salt and raspberries.*
2. Déposer le mélange dans l'abaisse à tarte et cuire 30 minutes à 350 °F (175 °C). / *Pour the mixture into the pie shell and bake for 30 minutes at 350 °F (175 °C).*

Astuce du Canard Huppé : Variez en utilisant des bleuets et des fraises (coupées en quartiers) ou en mélangeant plusieurs fruits. Accompagnez d'une glace à la vanille. / ***Tips from Le Canard Huppé:*** *For variety, use blueberries and strawberries (cut into quarters) or mix several fruits. Serve with vanilla ice cream.*

Ferme Murielle Lemelin

367, chemin du Moulin
Saint-François
418 829-3006

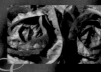

En l'an 2000, Murielle Lemelin a acquis la terre familiale située à Saint-François, juste en face du mont Sainte-Anne. Elle y cultive poireau, radicchio, pâtisson et céleri-rave. Elle incarne la onzième génération des Lemelin. Entourée de sa famille, elle travaille sans relâche pour livrer à ses grossistes, aux grandes chaînes alimentaires et aux restaurants des produits de première qualité. Elle a choisi de faire pousser ces légumes particuliers car elle peut mieux en planifier la récolte. Mais surtout, elle les aime: il faut la voir admirer ses pâtissons…

Au volant de son Argo 8x8, elle contemple ses champs et songe aux prochains épisodes de sa belle aventure. Cette année, elle récoltera pas moins de 450 000 poireaux. Ses projets foisonnent et elle peut compter sur l'aide de son mari, Guy Beaudoin, pour les réaliser. Jour après jour, Murielle Lemelin, maraîchère, se façonne un bel avenir.

In 2000, Murielle Lemelin acquired the family land located in Saint-François, facing Mont Sainte-Anne. She harvests leeks, radicchio, pattypan squash and celeriac. She is an 11th generation Lemelin. Along with her family, she works tirelessly to deliver high-quality products to wholesalers, supermarket chains and restaurants. She chose to grow these particular vegetables because she is better able to plan their harvest. But above all, she loves them… you should see her admiring her pattypan squash!

At the wheel of her Argo 8x8, she gazes into the fields and dreams of the next events in her great adventure. This year, she will harvest no less than 450,000 leeks. She has an abundance of projects and she can count on the help of her husband, Guy Beaudoin, to carry them out. For Murielle Lemelin, market gardener, the future gets brighter with each passing day.

Pâtissons farcis
Stuffed pattypan squash

Pour 4 personnes / *Serves 4*

4 pâtissons moyens
4 medium pattypan squash
1 blanc de poireau émincé
1 leek (white part only), thinly sliced
1 courgette en cubes
1 zucchini, diced
1 petit oignon rouge ciselé
1 small red onion, finely chopped
1 gousse d'ail hachée
1 clove garlic, chopped
1/3 tasse (75 g) de pois chiches ou autres
légumineuses (en purée)
1/3 cup (75 g) chick peas or other legumes (puréed)
1/2 tasse (50 g) de cheddar râpé
1/2 cup (50 g) cheddar, grated
Sel, poivre et épices italiennes, au goût
Salt, pepper and Italian spices, to taste

1. Découper les pâtissons de façon à créer une ouverture dans le haut. / *Cut a hole in the top of the pattypans.*
2. Vider l'intérieur et réserver les capuchons. Assaisonner l'intérieur des pâtissons. / *Remove the insides and set the tops aside. Season the inside of the pattypans.*
3. Déposer les pâtissons sur une plaque à cuisson et cuire au four pendant 15 minutes à 350 °F (175 °C). / *Place the pattypans on a baking tray and bake for 15 minutes at 350 °F (175 °C).*
4. Faire suer dans un grand poêlon : le poireau, l'oignon rouge, la courgette et l'ail. / *In a large saucepan, sweat the leek, red onion, zucchini and garlic.*
5. Ajouter la purée de pois chiche, assaisonner et bien mélanger. / *Add the chick pea purée, season and mix well.*
6. Farcir les pâtissons de ce mélange. / *Stuff the pattypans with this mixture.*
7. Couvrir de cheddar râpé et cuire au four environ 15 minutes ou jusqu'à ce que le fromage soit fondu. / *Cover with grated cheddar and bake for about 15 minutes or until cheese melts.*

Tombée de poireaux / *Leeks in white wine*

2 gros blancs de poireaux ciselés
2 large leeks (white part only), finely chopped
1 c. à soupe (15 g) de beurre
1 tbsp (15 g) butter
1/4 tasse (65 ml) de vin blanc
1/4 cup (65 ml) white wine
Sel et poivre du moulin
Salt and freshly-ground pepper
1 radicchio / *1 radicchio*

1. Faire fondre le beurre et y faire suer le poireau. / *Melt the butter and sweat the leeks.*
2. Ajouter le vin et cuire jusqu'à évaporation pour que le poireau soit tendre. / *Add the wine and cook until it evaporates and the leeks are tender.*
3. Disposer quelques feuilles de radicchio dans une assiette et arroser d'un peu d'huile d'olive. / *Place some radicchio leaves on a plate and drizzle a bit of olive oil.*
4. Déposer la tombée de poireaux puis le pâtisson farci. / *Add the leeks and then place the stuffed pattypan squash.*
5. Remettre les capuchons. / *Put the tops back on.*

Astuce du Canard Huppé : Ajoutez des dés de pommes et de jambon dans la farce des pâtissons. / ***Tips from Le Canard Huppé:** Add diced apples and ham to the pattypan stuffing.*

Ferme Valupierre

226, chemin Royal
Saint-Laurent
418 829-3033

Lucie Fortier et Pierre Vaillancourt forment un couple formidable. Ils sont mariés depuis 20 ans et sont les fiers parents de trois filles. Ils ont aussi uni leurs destinés en affaires. La Ferme Valupierre produit 150 acres de pommes de terre que l'on retrouve principalement dans les supermarchés et les fruiteries. Une dizaine de pommes de terre oui, mais la toute nouvelle Gabrielle attire l'attention. Plus délicate, allongée, la peau et la chair jaunes, cette petite dernière a beaucoup d'avenir chez nous. D'origine française, elle connaît beaucoup de succès en Europe. Ce sont Pierre et Lucie, qui pour la 2e année, en font l'expérience. Lucie insiste: la pomme de terre est un aliment équilibré, sain et qui mérite d'être ajouté dans toute alimentation variée. La pomme de terre est riche en fibres et en protéines et possède des vitamines C et B, du fer et du potassium.

Lucie Fortier and Pierre Vaillancourt are a terrific couple. They've been married for 20 years and are the proud parents of three girls. Their union also includes a business relationship. Ferme Valupierre grows 150 acres of potatoes found mainly in supermarkets and fresh markets.
Yes, there are a dozen types of potatoes but the brand new "Gabrielle" potato is garnering much attention. More delicate and elongated, with yellow skin and flesh, this latest variety has a bright future here. Native to France, it's very popular in Europe. For the second year, Pierre and Lucie have been experimenting growing this vegetable. Lucie insists that potatoes are wholesome and healthy and should be part of a balanced diet. Potatoes are rich in fibre and protein and are a good source of vitamins C and B, iron and potassium.

La Gabrielle
en sushis

Sushi-style Gabrielle potatoes

En amuse-bouche pour 4 personnes
Serves 4 as an hors d'oeuvre

8 pommes de terre Gabrielle, non pelées
8 Gabrielle potatoes, unpeeled
1/3 livre (150 g) de saumon fumé, non tranché
1/3 lb (150 g) smoked salmon, unsliced
1/3 livre (150 g) de filet de bœuf
1/3 lb (150 g) beef tenderloin
2 concombres sans pépins
2 seedless cucumbers
2 oignons verts
2 green onions
1 petite carotte
1 small carrot

1. À la mandoline chinoise, couper dans sa longueur les concombres en 16 tranches (entre 1/8 et 1/4 pouce ou 3 à 6 mm d'épaisseur). / *With a mandoline slicer, cut the cucumber lengthwise into 16 slices (between 1/8 and 1/4 inch or 3 to 6 mm thick).*
2. Couper en lanières de 2 pouces x 1/2 pouce (5 cm de long x 1 cm de largeur) : le saumon, le bœuf et les pommes de terre : 16 lanières de saumon, 16 lanières de bœuf et 32 lanières de pommes de terre. / *Slice into 2" x 1/2" strips (5-cm long and 1-cm wide): salmon, beef and potatoes: 16 strips of salmon, 16 strips of beef and 32 strips of potatoes.*
3. Couper en julienne l'oignon vert et la carotte. / *Julienne the green onions and carrots.*
4. À l'eau bouillante salée, blanchir les tranches de concombre 30 secondes puis les faire refroidir tout de suite dans l'eau glacée. Dans la même eau, cuire les pommes de terre environ 8 minutes et refroidir dans l'eau glacée aussitôt. Elles doivent demeurer légèrement fermes. Égoutter et éplucher. / *In boiling salted water, blanch the cucumber slices for 30 seconds and cool immediately in iced water. In the same water, cook the potatoes for about 8 minutes and promptly cool in iced water. They must be slightly firm. Drain and peel.*

Marinade / *Marinade*

2 c. à soupe (30 ml) de sauce soya légère
2 tbsp (30 ml) light soya sauce
1/2 gousse d'ail hachée
1/2 clove garlic, chopped
1 oignon vert haché
1 green onion, chopped
2 c. à soupe (30 ml) de vinaigre de riz
2 tbsp (30 ml) rice vinegar

Mélanger tous les ingrédients de la marinade et y déposer le saumon, le bœuf et les pommes de terre Gabrielle. / *Mix all the ingredients of the marinade and add the salmon, beef and Gabrielle potatoes.*

Montage / *Assembly*

1. Déposer sur une planche de travail les tranches de concombre bien égouttées. / *Place the well-drained cucumber slices on a cutting board.*
2. Sur 8 tranches, déposer : 2 lanières de bœuf, 2 lanières de Gabrielle et quelques carottes. / *On 8 slices, put 2 beef strips, 2 Gabrielle potato strips and some carrots.*
3. Sur les 8 autres : 2 lanières de saumon fumé, 2 lanières de Gabrielle et quelques oignons verts. / *On the other 8 slices: 2 smoked salmon strips, 2 Gabrielle potato strips and some green onions.*
4. Rouler sur elles-mêmes les tranches de concombre. Couper en deux les sushis. / *Roll up the slices of cucumber. Cut the sushi in two.*
5. Laisser dépasser les garnitures de chaque côté. / *Let the filling stick out from each side.*

Sauce / *Sauce*

Mélanger / *Mix*
  3/8 tasse (95 ml) d'huile d'olive
  3/8 cup (95 ml) olive oil
  2 c. à soupe (30 ml) de vinaigre balsamique
  2 tbsp (30 ml) balsamic vinegar
  Sel et poivre
  Salt and pepper

Servir la sauce en accompagnement afin d'y tremper les sushis.
Serve the sushi with sauce, for dipping.

Pommes de terre farcies à la patate douce
Potatoes stuffed with sweet potato

Philip Rae, Auberge Le Canard Huppé

En accompagnement pour 4 personnes
Serves 4 as a side dish

2/3 tasse (200 g) de gros sel *
*2/3 cup (200 g) coarse salt ***

4 pommes de terre de grosseur moyenne
4 medium potatoes

1/2 livre (225 g) de patates douces
1/2 lb (225 g) sweet potatoes

2 c. à soupe (30 ml) d'huile d'olive
2 tbsp (30 ml) olive oil

2 c. à soupe (25 g) de poivron rouge coupé en brunoise
2 tbsp (25 g) red pepper, diced brunoise
(finely diced and cut the same size)

2 c. à soupe (25 g) de poivron vert coupé en brunoise
2 tbsp (25 g) green pepper, diced brunoise

2 c. à soupe (25 g) de poivron jaune coupé en brunoise
2 tbsp (25 g) yellow pepper, diced brunoise

2 c. à soupe (25 g) d'oignon rouge finement émincé
2 tbsp (25 g) red onion, thinly sliced

3/8 tasse (95 ml) de lait chaud
3/8 cup (95 ml) warm milk

2 c. à soupe (30 g) de beurre
2 tbsp (30 g) butter

Sel et poivre
Salt and pepper

4 c. à soupe (25 g) de fromage parmesan râpé
4 tbsp (25 g) grated Parmesan cheese

1. Étaler le gros sel dans le fond d'une plaque à cuisson et y déposer les pommes de terre. / *Spread out the coarse salt on a baking sheet and add the potatoes.*

2. Cuire au four à 350 °F (175 °C) environ 1 h 30. / *Bake at 350 °F (175 °C) for about 1 hour and 30 minutes.*

3. Pendant ce temps, éplucher les patates douces et les couper en gros morceaux. / *In the meantime, peel the sweet potatoes and cut them into large pieces.*

4. Cuire à l'eau salée environ 30 minutes et mettre en purée. Réserver au chaud. / *Cook in salted water for about 30 minutes and then purée. Set aside and keep warm.*

5. Dans une poêle, chauffer l'huile d'olive et y faire suer l'oignon et les poivrons 2 minutes. Réserver. / *Heat the olive oil in a pan and sweat the onion and peppers for 2 minutes. Set aside.*

6. Une fois les pommes de terre au four cuites, tailler une ouverture assez grande sur le dessus. / *When the potatoes are cooked, cut a big-enough hole in the top.*

7. Vider les pommes de terre en conservant environ 1/2 pouce (1 cm) de la chair. / *Scoop out the potatoes to within 1/2 inch (1 cm) of their skins.*

8. Mettre en purée la chair des pommes de terre avec le lait chaud et le beurre. Assaisonner. / *Purée the scooped out potatoes with warm milk and butter. Season.*

9. Incorporer dans la purée de pommes de terre la brunoise de légumes et la purée de patate douce. Remplir les pommes de terre de ... lange. Saupoudrer de parmesan et gratiner. / *Add the ... potato purée to the puréed potatoes. ... with this mixture. Sprinkle with Parmesan and cook au gratin.*

* La pelure devient croustillante grâce au gros sel.
* The coarse salt makes the potato skins crispy.

Cailles braisées et leur compote de prunes à l'érable

Braised quails with maple plum compote

Philip Rae, Auberge Le Canard Huppé

Entrées pour 4 personnes / *Makes 4 appetizer servings*

Cailles / *Quails*

2 cailles désossées
2 quails, deboned
1/4 tasse (50 g) d'oignon rouge haché
1/4 cup (50 g) red onion, chopped
1 gousse d'ail hachée
1 clove garlic, chopped
2 tasses (500 ml) de fond de volaille
2 cups (500 ml) chicken stock
1/2 tasse (125 ml) de vin blanc
1/2 cup (125 ml) white wine

Compote de prunes / *Plum compote*

15 prunes (160 g)
15 plums (160 g)
1/4 tasse (50 g) d'oignon rouge
1/4 cup (50 g) red onion
1/4 tasse (65 ml) de sirop d'érable
1/4 cup (65 ml) maple syrup

Nid d'épinards / *Bed of spinach*

6 tasses (120 g) d'épinards
6 cups (120 g) spinach
1/4 tasse (25 g) d'amandes grillées concassées
1/4 cup (25 g) toasted almonds, crushed
2 c. à soupe (30 ml) d'huile d'olive
2 tbsp (30 ml) olive oil
Sel et poivre du moulin
Salt and freshly-ground pepper

1. Dans un poêlon, faire chauffer l'huile d'olive et bien saisir les cailles des deux côtés. / *Heat olive oil in a saucepan and sear the quails well on both sides.*
2. Ajouter l'oignon et l'ail. / *Add onion and garlic.*
3. Déglacer au vin blanc. / *Deglaze with white wine.*
4. Mouiller au fond de volaille. / *Moisten with chicken stock.*

5. Porter à ébullition, puis baisser le feu et cuire environ 10 minutes. / *Bring to a boil, then reduce heat and cook for about 10 minutes.*
6. Pendant ce temps, dénoyauter les prunes. / *In the meantime, pit the plums.*
7. Dans un poêlon, cuire les prunes et l'oignon environ 10 minutes à feu moyen. / *In a saucepan, cook the plums and onion over medium heat for about 10 minutes.*
8. Ajouter le sirop d'érable, et cuire 5 minutes à feu doux. *Add maple syrup and cook over low heat for 5 minutes.*
9. Passer le tout au mélangeur, puis au tamis. Réserver. / *Put all ingredients through the blender, then strain. Set aside.*
10. Juste avant que les cailles soient cuites, sauter les épinards et les amandes à l'huile d'olive environ 1 minute à feu vif. *Just before the quails are cooked, sauté the spinach and almonds in olive oil over high heat for about 1 minute.*
11. Réserver au chaud. / *Set aside and keep warm.*
12. Déposer un petit nid d'épinards dans le fond d'une assiette et y déposer une cuisse et un suprême. / *Place a small bed of spinach on a plate and top with a leg and breast.*
13. Ajouter la compote de prunes en sauce d'accompagnement. *Serve the plum compote as an accompanying sauce.*

Mousseline de faisselle à l'argousier

Jocelyn Labbé, Les Fromages de l'isle d'Orléans
Philip Rae, Auberge Le Canard Huppé

Pour 4 personnes / *Serves 4*

Coulis de baies d'argousier / *Coulis of sea buckthorn berries*

1 tasse (115 g) de baies d'argousier
1 cup (115 g) sea buckthorn berries
1/2 tasse (125 ml) de jus d'orange
1/2 cup (125 ml) orange juice
1/2 tasse (110 g) de sucre
1/2 cup (110 g) sugar

1. Chauffer les ingrédients environ 5 minutes à feu moyen.
   Heat the ingredients over medium heat for about 5 minutes.
2. Passer au tamis et réserver au froid. / *Strain through a sieve. Set aside and keep cool.*

Compote de baies d'argousier
Compote of sea buckthorn berries

1 tasse (115 g) de baies d'argousier
1 cup (115 g) sea buckthorn berries
3/4 tasse (190 ml) de sirop d'érable
3/4 cup (190 ml) maple syrup

1. Chauffer les ingrédients environ 5 minutes à feu moyen.
   Heat the ingredients over medium heat for about 5 minutes.
2. Réserver à la température de la pièce. / *Set aside and keep at room temperature.*

Mousseline / *Mousseline*

2 feuilles de gélatine
2 gelatin leaves
2 jaunes d'œufs
2 egg yolks
1/2 tasse (110 g) de sucre
1/2 cup (110 g) sugar
3/4 tasse (200 g) de faisselle*
(Les Fromages de l'isle d'Orléans)
3/4 cup (200 g) faisselle cheese
(Les Fromages de l'isle d'Orléans)*
3/4 tasse (190 ml) de crème
3/4 cup (190 ml) cream

Faisselle mousseline with sea buckthorn berries

1. Ramollir les feuilles de gélatine dans de l'eau. / *Soften gelatin leaves in water.*
2. Dans un bol, battre les jaunes d'œufs et le sucre jusqu'à ce que le mélange blanchisse. / *In a bowl, beat the egg yolks and sugar until the mixture whitens.*
3. Ajouter la faisselle, bien mélanger et réserver. / *Add the faisselle, mix well and set aside.*
4. Dans une petite casserole, faire fondre à feu doux la gélatine égouttée. / *In a small saucepan, melt the drained gelatin over low heat.*
5. Y ajouter le mélange à la faisselle et poursuivre la cuisson 2 minutes (ne pas faire bouillir afin d'éviter la formation de grumeaux). / *Add the faisselle mixture and cook for 2 minutes (do not let boil or it will become lumpy).*
6. Réserver au réfrigérateur. / *Keep refrigerated.*
7. Monter la crème en chantilly et l'incorporer délicatement à la préparation. / *Whip the cream to a Chantilly and carefully fold into the mixture.*
8. Verser dans des ramequins individuels ou dans des emporte-pièce et réfrigérer 3 heures. / *Pour into individual ramekins or dessert rings and refrigerate for 3 hours.*

Pour servir, démouler les mousselines dans de petites assiettes et accompagner de la compote et du coulis d'argousier. / *Turn out the mousselines onto small plates and serve with the compote and coulis of sea buckthorn berries.*

*Substitut : yogourt biologique nature / *Substitute: plain organic yogurt

Ferme des Pionniers

Gaétan et Lise forment équipe sur la Ferme des Pionniers. Ensemble, ils travaillent à produire asperges, pommes de terre, et oignons. Ce sont sans doute les plus grands producteurs d'oignons de la grande région de Québec. Lise Blouin est née à Saint-Jean, île d'Orléans, et a grandi sur une ferme laitière. Gaétan Rouleau représente la dixième génération de maraîcher. La solidité de leur union se perçoit partout sur la ferme: une ferme organisée, structurée, impeccablement bien entretenue où toutes les précautions ont été prises pour que leurs récoltes soient belles et abondantes. On récolte les oignons à l'automne pour ensuite les sécher et les mettre en sacs afin de les distribuer aux grossistes et aux grandes chaînes alimentaires à partir du mois de novembre. Si vous passez devant la Ferme des Pionniers en mai, vous pourrez vous procurer directement leurs délicieuses asperges. L'oignon se révèle un légume indispensable, tout comme le sont nos deux producteurs, Gaétan et Lise. Mêlez-vous de leurs oignons!

Gaétan and Lise work as a team on Ferme des Pionniers. Together they grow asparagus, potatoes and onions. They are undoubtedly the largest producers of onions in the greater Québec City area. Lise Blouin was born in Saint-Jean, Île d'Orléans and grew up on a dairy farm. Gaétan Rouleau is a 10th-generation market gardener. Their union is strong and the farm is a testament to that: it is organized, well-structured, impeccably maintained and all precautions are taken to produce a nice, bountiful crop. The onions are harvested in the fall and are then dried and put into sacks in order to distribute them to wholesalers and large supermarket chains, starting in November. If you pass by Ferme des Pionniers in May, you can buy their delicious asparagus directly and meet Gaétan and Lise. The onion is an important vegetable… and so are these two farmers. Peel back the layers and discover their onions!

190, chemin Royal
Saint-Laurent
418 829-3666
pionniers@sympatico.ca

Soupe à l'oignon
à la bière rousse

Onion soup with red beer

2 c. à soupe (30 g) de beurre
2 tbsp (30 g) butter

1 1/3 livre (600 g) d'oignon rouge
1-1/3 lb (600 g) red onions

2 bières rousses de la Microbrasserie Orléans (660 ml)
2 red beers from Microbrasserie Orléans (660 ml)

1 c. à soupe (12 g) de cassonade
1 tbsp (12 g) brown sugar

4 tasses (1 l) de bouillon de poulet
4 cups (1 L) chicken stock

4 tranches de pain baguette d'un pouce d'épaisseur (2,5 cm)
4 slices baguette bread, 1-inch thick (2.5 cm)

1 c. à thé (5 g) de sel
1 tsp (5 g) salt

1/2 livre (225 g) de fromage cheddar ou gruyère, râpé
1/2 lb (225 g) cheddar or Gruyère, grated

1. Émincer les oignons. Les faire suer au beurre avec la cassonade. / *Thinly slice the onions. Sweat them in butter with brown sugar.*
2. Ajouter la bière. Laisser réduire du tiers. / *Add beer. Reduce by one-third.*
3. Ajouter le bouillon de poulet. Assaisonner. / *Add chicken stock. Season.*
4. Laisser mijoter une heure à feu très doux. / *Let simmer for one hour on very low heat.*
5. Faire griller des tranches de pain baguette. / *Toast the baguette slices.*
6. Verser la soupe dans des bols allant au four. / *Pour soup into ovenproof bowls.*
7. Déposer le pain grillé. / *Add the toasted bread.*
8. Garnir de fromage cheddar ou gruyère. / *Top with cheddar or Gruyère.*
9. Passer sous le gril du four jusqu'à ce que le fromage soit doré. *Broil until the cheese is golden.*

Astuce du Canard Huppé : Vous n'aimez pas la bière? Remplacez-la par 1 1/3 tasse (330 ml) de vin rouge ou porto et 1 1/3 tasse (330 ml) de bouillon de poulet ou de bœuf. / ***Tips from Le Canard Huppé:*** *Don't like beer? Substitute 1-1/3 cups (330 ml) red wine or port and 1-1/3 cups (330 ml) chicken or beef stock.*

Les Endives de l'île d'Orléans

324, chemin Royal
Saint-Laurent
418 829-1262
denisfortier9@sympatico.ca

Nathalie Beaudoin et Denis Fortier sont de ces gens qui aspirent au dépassement de soi. Pour eux, les défis constituent les stimulants les plus puissants. La recherche, le développement, la formation, les investissements, les essais, les erreurs, mais le succès aussi, ils connaissent bien. Ce sont des pionniers dans la culture hydroponique de l'endive, ce légume qui gagne à être mieux connu. Huit mois de travail pour mettre au monde ce fameux légume originaire de la Belgique. Au printemps, on sème une graine qui deviendra un turion, racine qui ressemble à une carotte. En novembre, on récolte les turions qui iront en dormance pendant environ deux semaines. Ils deviendront ensuite endives après avoir passé 21 jours à la noirceur dans un environnement à température contrôlée. Nathalie vous dira qu'il y a tant de façons de les apprêter. Fraîches, sautées ou braisées, elles se dégustent autant en potage, en entrée, en plat principal, en salade qu'en dessert. Fromage, pistaches, canard, saumon fumé, agrumes et chocolat noir se marient merveilleusement avec les endives. C'est grâce à des producteurs avant-gardistes comme Nathalie et Denis que nous avons la chance de découvrir des produits moins traditionnels. Nous les en remercions!

Nathalie Beaudoin and Denis Fortier are the kind of people who strive to outdo themselves. Challenges are their greatest motivation. Research, development, training, investments, trials, errors but also success… they know them well. They are the pioneers of endive hydroponics, a vegetable that is becoming well-known. They put in eight months of work to produce this famous vegetable native to Belgium. In the spring, seeds are planted in the fields and become spears, carrot-like roots. In November, the spears are harvested and go into dormancy for approximately two weeks. They become endives after spending 21 days in a dark, temperature-controlled environment. Nathalie will tell you that there are many ways to savour them. Fresh, sautéed or braised… they can be used in soups, appetizers, main dishes, salads and even desserts. Cheese, pistachios, duck, smoked salmon, citrus fruit and dark chocolate all go amazingly well with endives. Thanks to avant-garde farmers like Nathalie and Denis, we are able to discover less traditional products. And for this, we are grateful!

Tartines d'endives, tomates et bocconcini

Endive, tomato and bocconcini tartines

Entrée pour 4 personnes
Makes 4 appetizer servings

3 tomates rouges
3 red tomatoes
3 c. à soupe (45 ml) d'huile d'olive
3 tbsp (45 ml) olive oil
1 c. à soupe (10 g) de sucre à glacer
1 tbsp (10 g) icing sugar
2 endives
2 endives
1 c. à soupe (15 g) de beurre
1 tbsp (15 g) butter
4 tranches de pain de campagne
4 slices country-style bread
4 bocconcini découpés en rondelles (1/4 livre ou 115 g)
4 bocconcini, sliced into rounds (1/4 lb or 115 g)
Sel et poivre du moulin
Salt and freshly ground pepper

1. Trancher les tomates et les étaler sur une plaque à cuisson. *Slice the tomatoes and place them on a baking sheet.*
2. Badigeonner d'huile d'olive et saupoudrer de sucre à glacer. *Brush with olive oil and sprinkle with icing sugar.*
3. Cuire 30 minutes au four à 300 °F (150 °C). / *Bake for 30 minutes at 300 °F (150 °C).*
4. Enlever la base des endives et les couper en rondelles. / *Trim the base of the endives and cut into round slices.*
5. Faire fondre le beurre dans une poêle et faire dorer les endives 5 minutes à feu moyen. / *Melt the butter in a pan and brown the endives on medium heat for 5 minutes.*
6. Saler et poivrer. / *Add salt and pepper.*
7. Faire griller les tranches de pain de campagne. / *Toast the slices of country bread.*
8. Préparer les tartines en déposant des tranches de tomates, des endives sautées et des rondelles de bocconcini. Passer sous le gril et servir aussitôt. / *Prepare the tartines by placing the sliced tomatoes, sautéed endives and bocconcini rounds on the slices of bread. Broil and serve immediately.*

Astuce du Canard Huppé : Pour éviter que les endives ne s'oxydent une fois coupées, mélangez-les avec un peu de sel, de sucre et quelques gouttes de jus de citron. Elles conserveront ainsi leur couleur. / ***Tips from Le Canard Huppé:*** *To prevent the endives from turning brown once they have been cut, mix them with a bit of salt, sugar and a few drops of lemon juice. They will keep their colour.*

Louis Gosselin cultive des choux de Bruxelles. Il figure parmi les plus grands producteurs au Québec. Après avoir acheté la terre paternelle en 1980, il décide de diversifier sa culture en se spécialisant dans deux productions : les fraises d'été (principalement l'Authentique Orléans, variété nutraceutique) et les choux de Bruxelles. Ces derniers représentant un produit en croissance, il décide d'en cultiver suffisamment afin de devenir un fournisseur majeur des grandes chaînes alimentaires. Avec l'aide de sa conjointe, Susanne, il est parvenu à se tailler une place de choix parmi les meilleures fermes. Mais par-dessus tout, ils ont réussi leur vie en fondant une famille composée de quatre garçons qui n'hésitent pas à participer au travail de la ferme pendant l'année scolaire ou leur temps libre. La relève émerge, et cela réjouit Louis Gosselin. Cet homme comprend l'importance de maintenir un certain équilibre entre le travail et le plaisir. Son humour et son rire communicatif le prouvent bien.

Louis Gosselin grows Brussels sprouts. He is one of the largest producers in Quebec. After purchasing the family land in 1980, he chose to vary his crops and specialize in both summer strawberries (mainly "Authentique Orléans", a variety with neutraceutical properties) and Brussels sprouts, which were increasingly in demand. He decided to grow enough Brussels sprouts to become a major supplier to large supermarket chains. With the assistance of his spouse Susanne, he was able to secure a place as one of the best farms. But above all, family is the key to their success. Their four sons readily help out at the farm, during the school year or in their free time. They are the next generation of growers and this pleases Louis Gosselin to no end. This man understands the importance of balancing business and pleasure. His sense of humour and infectious laugh are a testament to this.

Ferme Louis Gosselin

2045, chemin Royal
Saint-Laurent
418 828-9945

Choux de Bruxelles
à la crème
Creamy Brussels sprouts

Pour 4 personnes / *Serves 4*

24 choux de Bruxelles
24 Brussels sprouts
2 échalotes grises émincées
2 grey shallots, thinly sliced
2 c. à soupe (30 g) de beurre ou de gras de canard
2 tbsp (30 g) butter or duck fat
1 tasse (250 ml) de crème
1 cup (250 ml) cream
1 c. à soupe (15 ml) de moutarde de Meaux ou à l'ancienne
1 tbsp (15 ml) Moutarde de Meaux or Moutarde à l'Ancienne (whole grain mustards)
Sel et poivre
Salt and pepper

1. Inciser en croix la base des choux pour en faciliter la cuisson. / *Cut an X in the bottom of the Brussels sprouts to facilitate cooking.*
2. Faire bouillir les choux environ 8 minutes ou jusqu'à ce que la pointe d'un couteau les pénètre facilement. / *Boil the Brussels sprouts for about 8 minutes or until they can be easily pierced with the tip of a knife.*
3. Égoutter immédiatement et réserver. / *Drain immediately and set aside.*
4. Faire revenir les échalotes dans le beurre ou le gras de canard. / *Brown the shallots in butter or duck fat.*
5. Ajouter la crème et la moutarde. / *Add the cream and mustard.*
6. Terminer la cuisson des choux dans cette sauce et rectifier l'assaisonnement. / *Finish cooking the Brussels sprouts in this sauce and season accordingly.*

Astuce du Canard Huppé : Ajoutez quelques lardons grillés et gratinez le tout avec votre fromage favori. **Tips from Le Canard Huppé:** *Add some grilled lardons (bacon cubes) and cook au gratin with your favourite cheese.*

Une lumière tamisée, une ambiance paisible, des lieux impeccables, une température contrôlée, une nourriture saine et de l'espace pour se balader. Zen, n'est-ce pas? Cela vous semble exagéré pour un poulailler? Eh bien, pas du tout! Accueillis par François et Luc Turcotte, les poussins arrivent à peine quelques heures après leur naissance. Ils sont « en liberté sur parquet », c'est-à-dire qu'ils vivent à l'intérieur du poulailler et peuvent errer à leur guise. Leur nourriture est constituée de 88 % de grains et de sous-produits céréaliers et de 10 % de sources de protéines afin d'en améliorer la valeur nutritive, le goût et la texture. On complète avec des vitamines et des minéraux pour protéger les volailles contre les carences nutritionnelles. La légende des hormones est à bannir! La ferme familiale existe depuis 1947, et c'est au début des années 80 que François et Luc se joignent à leurs parents. Aujourd'hui, ils produisent 800 000 poulets. Leur objectif n'en est pas un de volume, mais de qualité. La recette de poulet sauce rouge provient de Rose Turcotte, la mère de nos deux éleveurs.

Ferme avicole Orléans

Soft lighting, peaceful ambiance, impeccable premises, controlled temperature, healthy food and space to wander… quite Zen, isn't it? Does this seem exaggerated for a hen house? Well, not at all! The chicks arrive a mere hours after their birth and are taken in by François and Luc Turcotte. They are "free in the pen", meaning that they live in the hen house and can roam as much as they like. Their food is made up of 88% grains and grain by-products and 10% protein sources to improve its nutritional content, taste and texture. Vitamins and minerals are added to prevent any nutrient deficiencies. There are no hormones in chicken feed… that myth should be dispelled! The family farm has been in existence since 1947 and François and Luc joined their parents in the early 1980s. Today, they produce 800,000 chickens. Their goal is quality, not quantity. The recipe for Chicken with red sauce comes from Rose Turcotte, the mother of these two expert breeders.

4341, chemin Royal
Sainte-Famille
418 829-2948

Poulet sauce rouge
Chicken with red sauce

Pour 4 personnes / *Serves 4*

Un poulet entier coupé en morceaux ou deux cuisses et deux poitrines déjà désossées (environ 4 livres ou 1,8 kg)
A whole chicken cut into pieces or two legs and two boneless breasts (approximately 4 lbs or 1.8 kg)

1/4 tasse (65 ml) d'huile d'olive
1/4 cup (65 ml) olive oil
1/2 tasse (125 ml) de vinaigre
1/2 cup (125 ml) vinegar
1/2 tasse (125 ml) d'eau
1/2 cup (125 ml) water
1 c. à soupe (15 g) de sucre
1 tbsp (15 g) sugar
1 c. à soupe (12 g) d'oignon haché
1 tbsp (12 g) onion, chopped
1/2 c. à thé de poudre chili
1/2 tsp chili powder
1 tasse (250 ml) de sauce chili
1 cup (250 ml) chili sauce
1 c. à thé (5 ml) de sauce Worcestershire
1 tsp (5 ml) Worcestershire sauce
Sel et poivre
Salt and pepper

1. Préchauffer le four à 350 °F (175 °C). / *Preheat oven to 350 °F (175 °C).*
2. Mélanger ensemble tous les ingrédients de la sauce. / *Mix all the sauce ingredients together.*
3. Verser sur le poulet en morceaux. / *Pour the sauce on the chicken pieces.*
4. Cuire au four à découvert environ 1 h 20 (20 minutes par livre). / *Bake, uncovered, for about 1 hour and 20 minutes (20 minutes per pound).*

Astuce du Canard Huppé : Vous manquez de temps? Suivez la recette, mais retirez la peau et coupez le poulet en cubes d'environ un pouce (2,5 cm). Le temps de cuisson en sera réduit à environ 35 minutes. Accompagnez le poulet de pâtes au beurre ou comme je l'ai fait, aux fines herbes. / *If you are short on time, follow the recipe but remove the skin and dice the chicken into approximately 1-inch pieces (2.5 cm). This will reduce the cooking time to about 35 minutes. Serve chicken with buttered pasta, or as I did, pasta with fine herbs.*

Vignoble Isle de Bacchus

Donald Bouchard, vigneron, plante ses premières vignes en 1982. D'abord un simple plaisir, la culture de ses vignes est devenue une formidable passion. Dix ans plus tard, il commercialise ses premiers vins. Son épouse, Lise, l'accompagne dans cette aventure enivrante, et il y a fort à parier que son fils Alexandre suivra ses traces. Ce vignoble en terrasses à environ trente mètres du niveau du fleuve Saint-Laurent jouit d'une orientation sud/sud-ouest qui lui confère un microclimat bénéfique et une vue spectaculaire. Bien que le chemin parcouru depuis 1982 ait été pavé de labeur, Donald a remporté plusieurs distinctions : pour son vin de glace, Jardin de Givre, qui accompagnera à merveille le foie gras; pour son vin blanc, Le 1535, à déguster avec le saumon ; son vin rosé, Le Saint-Pierre, délicieux en apéro et son vin dessert, Fleur de Lyse, un dessert en soi. Que dire de plus? Santé!

Grape grower and winemaker Donald Bouchard planted his first vines in 1982. The harvesting of vines started out as a simple pleasure but became a real passion. Ten years later, he put his first wines on the market. His spouse Lise accompanies him on this grand adventure and it's safe to say that his son Alexandre will follow in his footsteps. This terraced vineyard, situated approximately 30 metres above the level of the St. Lawrence River, boasts a south/south-west orientation that provides a favourable microclimate and a spectacular view. Donald has been on the road to success since 1982 but it was paved with hard work. He won many awards for his ice wine Jardin de Givre, which goes very well with foie gras; his white wine Le 1535, to be enjoyed with salmon; his rosé Le Saint-Pierre, a delicious appetizer wine and his dessert wine Fleur de Lyse, a dessert in itself. What else is there to say? Cheers!

1071, chemin Royal
Saint-Pierre
418 828-9562
isledebacchus.com

CAVE À VIN

Escalopes de **saumon** farcies aux **asperges**, sauce au **vin blanc**

Asparagus-stuffed salmon fillets with white wine sauce

Pour 4 personnes / *Serves 4*

Court-bouillon / *Court-bouillon*
- 4 tasses (1 l) d'eau
- *4 cups (1 L) water*
- 2 tasses (500 ml) de vin blanc Le 1535
- *2 cups (500 ml) white wine Le 1535*
- 2 branches de céleri coupées en gros morceaux
- *2 celery stalks, coarsely chopped*
- 1 oignon coupé en rondelles
- *1 onion, sliced into rings*
- 2 carottes coupées en rondelles
- *2 carrots, sliced into rounds*
- Quelques branches de thym et de persil au goût
- *Sprigs of thyme and parsley, to taste*
- 2 feuilles de laurier
- *2 bay leaves*
- Sel et poivre
- *Salt and pepper*
- Zeste d'une orange
- *Zest of 1 orange*
- Zeste d'un demi-citron
- *Zest of half a lemon*

- 8 escalopes de saumon de 1/4 de livre chacune (115 g chacune)
- *8 thin salmon fillets, 1/4 lb each (115 g each)*
- 12 asperges de grosseur moyenne, blanchies
- *12 medium-sized asparagus, blanched*
- 2 à 3 échalotes grises hachées
- *2-3 grey shallots, chopped*
- 1 c. à soupe (15 g) de beurre
- *1 tbsp (15 g) butter*
- 3/4 tasse (190 ml) de jus d'orange frais
- *3/4 cup (190 ml) fresh orange juice*
- Poivre citronné
- *Lemon pepper*
- 1/2 tasse (125 ml) de crème
- *1/2 cup (125 ml) cream*

1. Préparer d'abord le court-bouillon en amenant à ébullition tous les ingrédients. / *First prepare the court-bouillon by bringing all the ingredients to a boil.*
2. Laisser mijoter environ 30 minutes. / *Simmer for about 30 minutes.*
3. Tiédir légèrement avant de pocher le saumon. / *Cool slightly before poaching the salmon.*

4. Pendant ce temps, préparer les escalopes en prenant soin de retirer les arêtes. / *In the meantime, prepare the fillets and remove all the fishbones.*

5. Étaler les escalopes sur une planche de travail et réserver. *Place the fillets on a cutting board and set aside.*

6. Couper les asperges de la même longueur. / *Cut the asparagus into the same length.*

7. En déposer 3 sur chaque escalope. / *Place 3 on each fillet.*

8. Tourner pour former un rouleau, et attacher avec de la ficelle alimentaire. / *Roll the fillets and tie with kitchen string.*

9. Immerger les escalopes dans le court-bouillon et amener à ébullition, puis retirer aussitôt la casserole de la source de chaleur et laisser reposer le saumon dans le liquide de cuisson de 4 à 5 minutes. / *Immerse the fillets in the court-bouillon and bring to a boil. Promptly remove the saucepan from heat and leave the salmon in the cooking liquid for 4-5 minutes.*

10. Retirer ensuite le poisson et le garder au chaud. / *Remove salmon and keep warm.*

11. Sauter les échalotes dans le beurre. / *Sauté the shallots in butter.*

12. Ajouter le liquide de cuisson et réduire de moitié. / *Add the cooking liquid and reduce by half.*

13. Incorporer le jus d'orange et réduire à nouveau de moitié. *Add the orange juice and reduce by half once more.*

14. Rectifier l'assaisonnement avec le poivre citronné. / *Season accordingly with lemon pepper.*

15. Ajouter la crème au mélange. / *Add cream to the mixture.*

Verser la sauce dans le fond des assiettes chaudes et y déposer les escalopes farcies. Accompagner de pommes de terre sautées au beurre et ciboulette. / *Pour the sauce onto warm plates and place the stuffed fillets. Serve with potatoes sautéed in butter and chives.*

Astuce du Canard Huppé : Servez-vous de ce court-bouillon pour faire pocher vos poissons et fruits de mer. Une fois le poisson poché, conservez le bouillon pour une prochaine fois. Il n'en deviendra que meilleur. / *Tips from Le Canard Huppé: Use this court-bouillon to poach fish and seafood. Once the fish is poached, keep the bouillon for another time. It will just get better.*

Vue du vignoble / *View of the vineyard*

Notes

_____

_____

_____

_____

_____

Laura Bourbeau, Sainte-Pétronille

Citrouille au four en potage

Baked pumpkin soup

Chantal Nolin, Ferme Guillaume Létourneau

Pour 4 personnes / Serves 4

1 citrouille de 3 1/2 livres (1,6 kg)
1 pumpkin, 3-1/2 lbs (1.6 kg)
1 tranche de pain grillé coupée en croûtons
1 slice of bread, grilled and cut into croutons
2 onces (60 g) de fromage cheddar fort râpé
2 oz (60 g) old cheddar, grated
2 onces (60 g) de fromage mozzarella frais coupé en dés
2 oz (60 g) fresh mozzarella, diced
2 onces (60 g) de lardons
2 oz (60 g) lardons (bacon cubes)
2 c. à soupe (30 g) de blanc de poireau ciselé
2 tbsp (30 g) leek (white part only), finely chopped
2 c. à soupe (25 g) d'oignon rouge haché
2 tbsp (25 g) red onion, chopped
3 tasses (750 ml) de bouillon de volaille
3 cups (750 ml) chicken stock
1/2 tasse (125 ml) de crème
1/2 cup (125 ml) cream
1 pincée de muscade
1 pinch of nutmeg
Poivre du moulin
Freshly-ground pepper

1. Chauffer le four à 350 °F (175 °C). / *Preheat oven to 350 °F (175 °C).*
2. Ouvrir le dessus de la citrouille et retirer les pépins et les fibres. / *Cut open the top of the pumpkin and remove seeds and fibres.*
3. Déposer tous les ingrédients par couches successives dans cet ordre : croûtons d'abord, puis fromages, lardon, poireau, oignon, muscade et poivre. / *Place all ingredients in successive layers in the following order: croutons first, then cheeses, lardons, leek, onion, nutmeg and pepper.*
4. Ajouter la crème et couvrir de bouillon de poulet jusqu'au rebord de la citrouille. / *Add cream and fill with chicken stock to just below the rim of the pumpkin.*
5. Remettre le dessus de la citrouille et déposer sur une lèchefrite. / *Put the top back on and place on a drip pan.*
6. Cuire au four environ 1 h 45 ou jusqu'à ce que la chair de la citrouille se détache facilement avec une cuillère. *Bake for about 1 hour and 45 minutes or until pumpkin flesh comes off easily with a spoon.*
7. Au moment de servir, racler les côtés de la citrouille pour récupérer la chair cuite, déposer la chair de citrouille dans des bols et recouvrir de bouillon. / *Before serving, scrape the sides of the pumpkin to obtain the cooked flesh. Put pumpkin flesh into bowls and cover with broth.*

Astuce du Canard Huppé : Ajoutez juste avant de servir, dans le fond de vos bols, quelques gouttes de whisky. Vous rehausserez ainsi le goût de votre soupe. / ***Tips from Le Canard Huppé:*** *Just before serving, add a few drops of whisky in the bowls. It will enhance the flavour of your soup.*

Boudin et chutney à la citrouille
Blood pudding and pumpkin chutney

Philip Rae, Auberge Le Canard Huppé

Entrée pour 4 personnes / *Makes 4 appetizer servings*

2/3 livre (300 g) de boudin
2/3 lb (300 g) blood pudding
1 c. à soupe (15 ml) d'huile d'olive
1 tbsp (15 ml) olive oil
Sel et poivre
Salt and pepper

Chutney / *Chutney*

1/2 livre (225 g) de citrouille en petits dés
1/2 lb (225 g) pumpkin, finely diced
1/2 tasse (110 g) de sucre
1/2 cup (110 g) sugar
1 oignon haché
1 onion, chopped
1 gousse d'ail hachée
1 clove garlic, chopped
3/8 tasse (95 ml) de vinaigre de vin blanc ou de cidre
3/8 cup (95 ml) white wine vinegar or cider vinegar
1 piment d'Espelette haché
1 Espelette pepper, chopped
Sel et poivre
Salt and pepper

1. Dans une casserole, porter à ébullition la citrouille, le sucre, l'oignon, l'ail, le vinaigre et le piment d'Espelette. / *In a saucepan, bring the pumpkin, sugar, onion, garlic, vinegar and Espelette pepper to a boil.*
2. Laisser frémir environ 20 minutes. / *Simmer for about 20 minutes.*
3. Assaisonner et réserver au chaud. / *Season and keep warm.*
4. Trancher le boudin en biseau. / *Slice the blood pudding on a slant.*
5. À feu doux, chauffer l'huile d'olive dans une poêle. / *Heat olive oil in a pan over low heat.*
6. Déposer les tranches de boudin et cuire 2 minutes de chaque côté. / *Add the slices of blood pudding and cook for 2 minutes on each side.*
7. Déposer une tranche de boudin dans une assiette chaude et couvrir d'un peu de chutney. / *Place a slice of blood pudding on a warm plate and top with a bit of chutney.*
8. Ajouter une autre tranche de boudin et encore du chutney. *Add another slice of blood pudding and more chutney.*
9. Répéter l'opération une dernière fois. / *Repeat once more.*

Céleri-rave
et poire tempura

Philip Rae, Auberge Le Canard Huppé

Pour 4 personnes / *Serves 4*
En amuse-bouche ou accompagnement
As an hors-d'oeuvre or side dish

Pâte tempura / *Tempura batter*

Huile végétale (pour la friture)
Vegetable oil (for frying)
1/2 tasse (55 g) de farine blanche
1/2 cup (55 g) white flour
1 pincée de poudre à pâte
1 pinch of baking powder
1 pincée de sel
1 pinch of salt
5/8 tasse (160 ml) d'eau glacée
5/8 cup (160 ml) iced water
1 jaune d'œuf battu
1 egg yolk, beaten

Sauce d'accompagnement / *Dipping sauce*

3 c. à soupe (45 ml) de sauce soya légère
3 tbsp (45 ml) light soya sauce
1/3 tasse (85 ml) d'eau froide
1/3 cup (85 ml) cold water
1 c. à soupe (15 ml) de saké
1 tbsp (15 ml) sake
1 gousse d'ail émincée
1 clove garlic, thinly sliced
1/4 c. à thé de piment broyé
1/4 tsp crushed pepper flakes
1/4 c. à thé de gingembre
1/4 tsp ginger
1 c. à thé (5 ml) de sirop d'érable
1 tsp (5 ml) maple syrup
1 céleri-rave de grosseur moyenne (200 g)
coupé en julienne
1 medium celeriac (200 g), julienned
1 poire pelée et coupée en julienne
1 pear, peeled and julienned

Celeriac and pear tempura

1. Chauffer l'huile dans une friteuse à 350 °F (175 °C). / *Heat oil in a deep fryer at 350 °F (175 °C).*
2. Dans un bol, mélanger farine, sel et poudre à pâte. / *In a bowl, mix flour, salt and baking powder.*
3. Faire un mélange avec le jaune d'œuf et l'eau. / *Use the egg yolk and water to make a mixture.*
4. Incorporer peu à peu le mélange œuf-eau dans la farine à l'aide d'un fouet jusqu'à ce que celle-ci ne soit plus pâteuse, sans toutefois qu'elle devienne trop liquide. / *With a whisk, gradually add the egg/water mixture to the flour until it is no longer pasty, while making sure that it is not too liquid.*
5. Réserver. / *Set aside.*
6. Mélanger tous les ingrédients de la sauce d'accompagnement et réserver. / *Mix all the ingredients of the dipping sauce and set aside.*
7. Tremper la julienne de céleri-rave et de poire dans la pâte tempura. / *Dip the julienned celeriac and pear in the tempura batter.*
8. Frire par petites quantités en les retirant lorsqu'elles sont dorées (2 à 3 minutes). / *Deep fry in small quantities and remove them when they are golden (2-3 minutes).*
9. Les déposer au fur et à mesure sur un papier absorbant et mettre au four à 200 °F (93 °C) jusqu'au moment de servir. / *As you go along, place them on a paper towel and put them in a 200 °F (93 °C) oven until ready to serve.*

Mousse de foie gras de canard et foie blond de pintade avec sa gelée de cidre de glace

Duck and guinea fowl liver mousse with ice cider jelly

Philip Rae, Auberge Le Canard Huppé

6 ramequins de 2 1/2 pouces (6 cm)
6 ramekins, 2-1/2 inches (6 cm)

1/4 livre (115 g) de foie gras de canard
1/4 lb (115 g) duck foie gras
1/8 livre (55 g) de foie blond de pintade
1/8 lb (55 g) guinea fowl foie blond
1/3 tasse (85 ml) de crème
1/3 cup (85 ml) cream
1 1/2 c. à soupe (25 ml) de lait
1-1/2 tbsp (25 ml) milk
2 œufs
2 eggs
1 1/2 c. à soupe (25 ml) de vin de cassis madérisé
1-1/2 tbsp (25 ml) maderized black currant wine
2 c. à soupe (30 ml) de sirop d'érable
2 tbsp (30 ml) maple syrup
Sel et poivre
Salt and pepper

1. Laisser tempérer le foie gras 30 minutes et le reste des ingrédients 20 minutes. / *Allow the foie gras to temper for 30 minutes and the rest of the ingredients for 20 minutes.*
2. Passer au mélangeur tous les ingrédients. / *Put all ingredients through the blender.*
3. Remplir les ramequins. / *Fill the ramekins.*
4. Cuire au bain-marie, au four, 35 minutes à 230 °F (110 °C). *Cook in a double boiler, in a 230 °F (110 °C) oven, for 35 minutes.*
5. Laisser refroidir. / *Let cool.*

Gelée de cidre de glace / *Ice cider jelly*

1/2 tasse (125 ml) de cidre de glace
1/2 cup (125 ml) ice cider
1 feuille de gélatine
1 gelatin leaf
1 1/2 c. à soupe (25 g) de sucre
1-1/2 tbsp (25 g) sugar

1. Chauffer 1/3 du cidre avec le sucre. Ramollir la gélatine 2 minutes dans de l'eau froide. / *Heat 1/3 of the cider with sugar. Soften gelatin in cold water for 2 minutes.*
2. Ajouter la gélatine au cidre chaud. Lorsque la gélatine est dissoute, mélanger ensuite le cidre froid et le cidre chaud. *Add gelatin to the hot cider. When the gelatin has dissolved, mix the cold and hot cider.*
3. Une fois la gelée tempérée, verser sur les mousses et réfrigérer. / *Once the jelly has tempered, pour on the mousse and refrigerate.*

Astuce du Canard Huppé : Remplacez le foie de pintade tout simplement par du foie de volaille. Pour vérifier l'assaisonnement, chauffez quelques secondes au four micro-ondes 2 c. à soupe de mousse et goûtez. / ***Tips from Le Canard Huppé:*** *Substitute guinea fowl liver with chicken liver. To check the seasoning, microwave 2 tbsp mousse for a few seconds and then taste.*

Notes

Saumon fumé à froid de mon ami Victor

My friend Victor's cold smoked salmon

Victor Goodyer, résident de Saint-Pierre / *Saint-Pierre resident*

Le feu / *Fire*

Le feu doit être situé à une trentaine de pieds (10 mètres) du fumoir pour que la fumée y arrive refroidie : nous voulons fumer le saumon et non le cuire. / *The fire must be located about 30 feet (10 metres) from the smokehouse for the smoke to arrive cold: we want to smoke the salmon, not cook it.*

Des copeaux fins de bois franc, presque du bran de scie, sont essentiels. Le feu brûlera comme une cigarette et dégagera une fumée idéale pour le fumage. / *Hardwood chips, almost as fine as sawdust, are essential. The fire will burn like a cigarette and release smoke that is ideal for smoking.*

Le saumon / *Salmon*

Utiliser des filets frais (jamais congelés) provenant de saumons qui pèsent entre 10 et 12 livres (4,5 kg à 5,5 kg). Chaque filet, avec la peau, pèsera environ 6 livres (2,7 kg). La peau est essentielle afin de conserver la rigidité nécessaire pour les suspendre et les manipuler sans les déchirer. / *Use fresh fillets (never frozen) from salmon weighing between 10 and 12 lbs (4.5 kg to 5.5 kg). Each fillet, with its skin, will weigh about 6 lbs (2.7 kg). The skin is necessary to keep the salmon rigid so it can be hung and handled without tearing.*

Préparation / *Preparation*

1. Enlever les arêtes des filets. / *Remove fishbones from the fillets.*
2. Badigeonner les filets d'une fine couche de cognac et laisser reposer 1 heure. / *Brush the fillets with a thin layer of cognac and let stand for 1 hour.*
3. Assécher les filets avec un papier absorbant. / *Dry the fillets with paper towels.*
4. Bien mélanger une quantité suffisante de gros sel et de cassonade (moitié-moitié). / *Mix a sufficient quantity of coarse salt and brown sugar (half and half).*
5. Déposer 1 pouce de ce mélange sur les filets. / *Put one inch of this mixture on the fillets.*
6. Laisser reposer de 12 à 14 heures. / *Let stand 12-14 hours.*
7. Rincer ensuite les filets; ils auront alors atteint une certaine rigidité. / *Rinse the fillets; they will be relatively rigid.*
8. Suspendre les filets par la queue à l'aide d'un crochet qui transpercera la peau. / *Insert a hook through the skin and hang the fillets by the tail.*
9. Sécher au vent ou au ventilateur pendant une période de 48 à 60 heures. / *Allow to air dry or fan dry for a period of 48-60 hours.*
10. Le saumon va acquérir une belle fermeté ainsi qu'une couleur foncée, presque orangée. / *The salmon will be nice and firm and have a dark colour, almost orange.*
11. Suspendre ensuite les saumons dans le fumoir en les manipulant uniquement par les crochets pendant une autre période de 48 à 60 heures. / *Hang the salmon in the smokehouse (handle them only by the hooks) for another period of 48-60 hours.*
12. Couper les filets en 6 ou 7 morceaux en conservant la peau. / *Cut the fillets in 6 or 7 pieces, leaving skin intact.*
13. Emballer sous vide et congeler. / *Vacuum pack and freeze.*

Service / *To serve*

1. Décongeler une quinzaine de minutes le morceau de saumon. / *Let the piece of salmon defrost for 15 minutes.*
2. À l'aide d'un couteau, retirer la peau en la soulevant doucement. / *With a knife, gently lift and remove the skin.*
3. Trancher finement. / *Cut into thin slices.*
4. Quelques câpres, des oignons finement tranchés et une bonne huile d'olive accompagneront simplement, mais pour votre plus grand bonheur, ce saumon fumé maison. / *A few capers, thinly sliced onions and good olive oil are simple, yet appetizing, accompaniments to this homemade smoked salmon.*

Nos aïeux / Our Forebears

Réal Fortier

Edouardine Turcotte-Deblois

Jean-Marie Rouleau

François Gosselin

Fernande Lemelin

Photo du champs de pommes de terre en fleurs / Photo of potato fields in bloom: Martine Rouleau

Les produits des Toqués
The Farmers in Chef Hats and Their Products